絶望の生活から学んだ
親との
向き合い方

頑張らない介護

のぼる 著

KADOKAWA

はじめに

介護のリアルな日常の全て

みなさんこんにちは、のぼるです。

僕は東京都杉並《すぎなみ》区の高円寺《こうえんじ》という町で生まれ育ちました。

現在38歳、大好きな家族「妻・娘（7歳）・息子（2歳）」とともに今は神奈川県の横須賀市に住んでいます。

海と山が近い横須賀での日々はとにかく穏やかで、毎日を心地よく、幼い子たちと今しかない瞬間を日々、噛《か》み締めていました。


……父の介護が始まるまでは（笑）。


ある日突然、高円寺に住む父の介護が始まります。

ここから片道2時間弱（高円寺⇅横須賀）の遠距離介護をすることとなりました。

その様子はYouTubeでも細かく発信しているのですが、ひと言で言うとまぁ、……ひどいもんです(汗)。

父の介護がこんなにも急に始まるだなんて、全く予期していなかった僕は、

「まず何からどう始めたらいいんだろう」

「この遠距離介護はいつまで続くのだろう」

「親父《おやじ》が大暴走し続けているけどどうしよう」

と、この3年間、一難去ってまた一難の日々を過ごします。

はっきり言って、ひと息つけたためしがありません。それは今現在も同じなのですが……。

そんな中で今回、「本を書いてみないか」とお話をいただきました。

僕は親の介護についてお手本のような存在からはかけ離れていますし、もちろん介護の専門家でもありません。

そんな僕ですが、YouTubeで父との不器用な日々をお伝えしていると、多くの視聴者さんから、

「自分も親の介護で辛いけど辛いのは自分だけじゃないと気付き勇気が湧いた」

「まだ親は元気だけどお金でこんなに揉《も》めることがあるなら、親と老後のこと話し合ってみようと思う」

「自分の家を見てるようで涙が出ました」

といった様々なご感想をいただきました。

1つの家族の在り方をただリアルにお伝えしているだけなのに、捉え方が本当に複数あることにビックリしています。

と同時に、我が家のリアルをお伝えすることはもしかしたら誰かの力になるのでは？　とも思い、嬉しく感じました。

今回、本書を書くにあたっても、やはりYouTube同様リアルに、いやむしろ動画では伝えられない部分も含めて本当に赤裸々にお伝えしようと決めました。

僕たち家族のリアルな介護を全てこの本に記そうと思います。

受け取り方はご自由に。

なるべくなら読み終えたときにポジティブな気持ちを持ち帰ってくれたら嬉しいです。それではどうぞ。

第1章 こうして僕の介護生活は始まった 11

第2章 介護のリアル。だから大変って言われるんだ

第3章

介護のお金問題。いくらあれば足りるのか

第4章

父との大論争を経て思う「家族の在り方」　147

ブックデザイン	沢田幸平（happeace）
イラスト	野口雄也
DTP	思机舎
校正	山崎春江
企画協力	株式会社 BitStar
編集	金子拓也

第 1 章

こうして僕の介護生活は始まった

母が他界した病室での出来事

「ピッ、ピッ、ピッ、……ピーーーーーーー」

母の心拍が止まった。

「母ちゃん!!　嘘だろ!!」「お母さん……まだ死なないで」「母ちゃん！」
姉、弟、そして僕は深夜の病室内で泣きながら叫んでいました。
病院の先生が母の死を確認し、「ご臨終です」と言ったときには本当に膝から崩れ落ちましたが、人はショックすぎると力が抜けてしまうことをこの日初めて知りました。

失意で誰も喋《しゃべ》れません。

みんな下を向いて泣いていると、
姉がひと言……、

「お父さん、一体、何してるの？」

と聞きました。

その声に釣られ父の方を見てみると、お父さんは何やら母の足首を〝くねくね〟していいます。

僕も涙を拭きながら「親父、こんなときに何してんだよ」と迫ると、父は真剣な顔でこう言います。

「じゅんこ（母の名前）は、まだ死なせねぇ。絶対に、絶対に、俺が生き返らせる」

つい先ほど、母の死を確認してくださった先生も不思議そうに、「お父さん、お気持ちは分かります。ですが、なんでお母様の足首を捻《ひね》ってらっしゃるのですか？」

と聞くと、父は足首くねくねの動きを止めずに答えます。

「西……、勝造が……、先生、西勝造《にしかつぞう》が……、整体師の西勝造が、本で言ってたんですよ、足首をくねくねすれば、止まった心臓も動き出すって……」

なんと父は、母の心拍が止まってもなお、たまたま本屋で見かけた方法で母の心拍を復活させようとしていたのでした。

そこから5分もの間、父は足首くねくね心臓復活論を先生含め僕たちに説き始め……、気付けば僕ら家族の涙は止まり、いつしか病室は笑いに包まれていました。

そろそろこの病室も離れなければならない時間が来て、「最後にお母さんの前で家族整列しよう。俺はこれだけは伝えたい」と父が言い出します。

「じゅんこ、今まで本当にありがとう。最高の母親であり、妻だったよ。ありがとう。本当にありがとうな」

父の心からの言葉に僕はまた涙がグッと込み上げてきました。でもそれは先ほどのような絶望的な涙ではなく、これから母の分まで生きたいという決意の涙だったように思います。

母ちゃんありがとう。天国で見守っててね。

僕は最愛の母にそう伝えて病院を出ました。


……この日僕は心底思いました。

僕たちはなんて素晴らしい家族なのかと。

愛に満ち溢《あふ》れていた母。互いを支え合う僕ら子供たち。そして一般的な発想からはこのとき既にズレてはいるけど最後まで母を助けようとする父の愛情……。

僕たちは精神的支柱であった母を失ったけれども、これからも家族一致団結していける。絶対に大丈夫だ。そう思いました。

しかし、このとき誰が予想できたでしょう。
母が他界してから20年後、
この世界に残された僕たちの絆《きずな》に、
大きくヒビが入ることになっていくなんて……。

仲のよすぎる家族のエピソード

僕たち家族はそもそも〝異常に仲のいい家族〟として、地元では少し有名でした。
いつも愛情溢れる母。そして変わり者の父。
厳しくも優しい長女。
生まれながらにして障害で立つことも話すこともできない次女。
自由人な僕と、しっかり者の次男は双子です。

家族６人、いつも一緒でした。

父が休みの日は、大きな公園で日が暮れるまで遊んでもらいましたし、旅行もしょっちゅう連れていってくれました。

父のお気に入りは静岡県の弓ケ浜《ゆみがはま》というところで、家から2～3時間もかかるのですが、本当に何度訪れたか分からないほど通いました。

父は気に入った場所を見つけると、永遠にリピートする癖があります。

八王子にある東京サマーランドも家から結構遠いのによく行きましたね。

お父さん曰《いわ》く、1週間連続でサマーランドに行ったこともあるそうです。

「のぼやす（僕たち双子の愛称）が喜ぶから毎日でも連れていきたくなったんだよ」

父はそうニコニコしながら言いますが、この頃からお金の使い方は凄まじかったようです。

父は仕事が順調でかなり稼ぎがよかったそうですが、稼いだお金を全部綺麗さっぱり使ってしまう人でもありました。

稼いだお金をどう使おうがその人の自由ですから、僕がそのお金の使い方を否定する気は全くありませんが、ほんのちょっとでもね……、ほんのちょっとだけでも、稼いだお金を老後の準備に充《あ》ててくれていたらね……、その後苦労することはだいぶ減ったとは思います（この話はのちほど詳しく紹介しますね）。

でもそんな豪快な父のおかげで僕たち家族は、毎日楽しい日々を過ごしました。

僕たちの家族を一致団結させていた大きな理由は、障害のある次女がいてくれたおかげでもあります。

次女は生まれながらにして脳に障害を持ち、話すことができません。加えて全身の関節が固く、ほとんど曲がらないため、立つことも歩くこともできずに、痰《たん》が詰まってしまうと危険です。そのため常に誰かが側《そば》に付いていていないといけない状態でした。

病院や施設にいることも多かったのですが、家に帰ってこられたときは父と母が交代ばんこで次女の側に付きました。

次女は話すことはできませんが、表情はとても豊かです。家族が揉めたときは決まって誰かが「ほら、良ちゃん（次女）が笑ってるよ」と言って話が収まります。彼女の笑顔に家族が何度救われてきたことか分かりません。我が家の中心にはいつも彼女がいました。

今は施設に入り続けていてなかなか会えていませんが、僕ら家族にとって今も大きな存在であり続けています。

そんな我が家ですが、ただの仲良しの枠を時に超えることもありました。家族というか親友のような関係になっていたと思います。

今から話すことは、僕は大好きなエピソードなのですが、引く方もいらっしゃるかと思うので興味なければ飛ばしてください（笑）。

僕とやっちゃん（双子の弟）も中学生になり年頃になってきた時期のことです。

僕らも性に興味が出始めてきて、「18禁のビデオを観てみたい！」というタイミングがやってきました。

僕とやっちゃんは2人で会議した挙句、「これは思い切ってお父さんとお母さんに相談してみよう！」となったわけです（この時点で普通の家族ではない）。

ある日の夕食中、僕とやっちゃんは父と母にこう伝えました。

「父ちゃん、母ちゃん、うちらアダルトビデオ観たいんだけど、何とかならない？」

……単刀直入すぎますよね（笑）。

若さって素晴らしいとも言えますが、父と母を信頼しているからこそ何でも言えたというのもあったかもしれません。

当の父と母はと言えば、それを聞いて大爆笑。

「2人とも自分自身に正直で素晴らしいわ」ということで、「よし、じゃあ夕食後一緒に借りに行こう」となりました。

今思えばどんな家族だよって感じですが……。

一応この話には続きがあって、その後父は仕事で忙しい時期がやってきてしまい、代わりに母にビデオを借りに行ってもらうようになるんですね（汗）。

ある日、僕とやっちゃんが外で待っていると顔を真っ赤にした母がビデオ屋から出てきて、「あんたたちのエロビデオを借りすぎてポイント貯まっちゃったから、もう1本借りられるよ」と言ったときは3人で大笑いしましたね〜。

こんな話はまだまだたくさんあるのですが、これくらいにしておきましょう。友達のような家族ではあったので、よく友人からは「のぼんち、本当仲よしでいいなぁ」と羨ましがられることは多かったですね。

いいのか悪いのかは分かりませんが、毎日家族といるのが楽しくて、いつも笑顔の絶えない幸せな日々を過ごしていました。

母の言葉「のぼちゃん頼んだよ」

しかし悲劇はいつだって急に訪れるものです。
忘れもしません。
僕が中2の冬のこと。
トイレから出てきた母の顔が真っ青でした。
「のぼちゃん、ちょっと……」と母に呼ばれ、2人きりになりました。
母のこんな怖い表情は初めてでした。
今からよくない話があるのだと息を呑《の》んだことを覚えています。

母は言いました。

「のぼちゃん、落ち着いて聞いてね。多分ね、母ちゃんは死にます。今ね、トイレしてたらたくさん血が出ました。実は以前癌《がん》だったのだけど、それが転移したんだと思う。こんなときにごめんね。もし私に何かあったら、のぼちゃんに頼みたいことがあるの。お父さんのことなんだけど……、お父さんを、のぼちゃんお願いできるかな。お父さんはのぼちゃんの知ってる通り愛の深い人だよ。だけどこれものぼちゃんの知ってる通り、いろいろズレている人でもあるのよ。困ったことに……。私がいなくなったら、お父さんを助けてもらいたいの。お願い、聞いてくれるかな？」

僕は「家族なんだから当たり前じゃん。俺が助けるよ。でも母ちゃんには死んでほしくない……」と目を真っ赤にしながら、言葉を振り絞りました。

僕はドキドキがなかなか収まらないので「ちょっと落ち着いてくる」とコンビニ

に向かいました。

夜、冷たい風が吹く中で飲んだ豆乳コーヒー。落ち着くどころか、涙が止まりませんでした。

しかし、泣きながら帰るのもまた母に心配をかけると思ったので、しっかり時間を取って涙を止めてから家に戻りました。

母の顔を見るとまた込み上げてくるので、バレないように急いでお風呂に飛び込んだのを今でもよく覚えています。

湯船に浸かりながら祈りました。

「母ちゃんが死にませんように、母ちゃんが死にませんように、母ちゃんが死にませんように……」

このとき、僕は14歳。

母が他界したのは僕が19歳のときなので、このあと5年間も大切な時間を過ごすことができました。


しかしまた、この5年が本当に楽しかったんですよ。

一緒にいろんなところに行ったし、お互いの本音を伝えて気持ちをたくさん共有することもできました。

僕に初めての彼女ができたときなんてホント喜んでたなぁ。「もうビデオ借りに行かないからね」なんて笑っていましたね（笑）。

長年取り組んでいたサッカーもどんどん上達してきて、プロの練習に参加したときも「高みを目指すのもいいけど、のぼちゃんには楽しむことをいつまでも忘れないでほしいな」とアドバイスをくれたりしました。

たった5年だったかもしれないけど、家族にとって大切な大切な5年間だったと思います。

僕が19歳になり、箱根に旅行に行っていたとき。父から「今すぐ戻ってこれるか？　……もう母ちゃんが死ぬって」と連絡がありました。

この5年の間にも何度も死線をくぐってきた母だったので僕は「今回も大丈夫だよ」と返しましたが、父の雰囲気がもう、今回は本当に無理なことを伝えていて、急いで帰ることにしました。

僕が病院に到着した次の日の夜、母は息を引き取りました。
母が亡くなったその帰り道、5年前母に言われた言葉を思い出し、その言葉が現実となって僕の胸に突き刺さります。

「のぼちゃん、お父さん、頼んだよ」

……このとき、僕は誓いました。

「任せろ。母ちゃん。
安心して天国で見ててね」と。

……でも正直、今現在の僕はこう思います。

「母ちゃん、マジでとんでもねぇもん任せてくれたな」

父という男はこうして誕生した

父は4兄弟の次男として生まれました。

父の父親（僕にとっての祖父）が再婚した相手との子供だったそうで、父は幼少期を4兄弟＋前妻の子2人とともに過ごしました。

とにかくやんちゃな子だったそうで、先生や親に毎日のように怒られていたそうです。

そんな父は京王高校（現・専修大学附属高等学校）に進学します。

お父さん曰く、当時の京王高校、国士舘高校、朝鮮高校は「三羽ガラス」と言われていた不良高校で、会えば喧嘩《けんか》が始まると言われていたらしいです（お父さんの記憶なので正しくないかもしれませんが……）。

じゃあ父も喧嘩しまくったのか？　と言えば、

「俺は〝京都の王様〟と書いて京王高校ってところに行ったんだ。ナンパするときに京王高校って言えばあの慶應と勘違いしてくれていろいろ助かったよ」

と笑って振り返るくらいなので、父なりにうまく生きていたんだと思います。

この頃、父は大好きな音楽と出会い、ムッシュかまやつの父、ティーブ・釜萢《かまやつ》氏に弟子入りをし、歌を習っていました。

そんな中、新宿のスタジオでドリフターズに魅了され、出番終わりのいかりや長《ちょう》介《すけ》さんに直談判。「お金はいらないから付き人をやらせてください」と頼み込み、なんと了承。

ドリフターズの楽器を運んだり、裏方の仕事をしばらくやったそうです（途中で飽きて辞めちゃったそうですが……）。

ちなみにこの時期の修学旅行が北海道で、たまたま偶然、修学旅行が北海道だった母と出会います。母は横須賀の人なので、東京の父と横須賀の母が北海道で出会うという奇跡。

このときはまだ付き合うとかもなく、連絡先だけ交換しました。

そして専修大学に進み、社会人へ。

新宿にある靴屋さん(今もある)に就職します。100名以上集まった入社式にて、父は「歌います!」と手を挙げ、エルヴィス・プレスリーを熱唱したそうです。一体どんなメンタルなんでしょうか(笑)。

本人曰く大喝采だったそうで、すぐ上司にも気に入られたようです。

しかし、仕事が始まってからは遅刻の連続、ズル(バレないようにすぐサボろうとする)の連続で上司から殴られたこともありました。

当時を振り返る父は「自分がなんで殴られたか分からないし、納得いかない」と言いますが、僕は「自分の胸に聞いてごらん」としか言いようがないのでした。

入社して半年もした頃、祖父が亡くなってしまい、それを機に祖父の仕事を継ぐことにしました。それから50年。今の実家でその仕事を守り続けたのは本当に偉業だと思います。

サラリーマンに全く向いていなかった父にとっては、そもそも自営業が合っていたのかもしれません。

仕事も軌道に乗り出した20代後半で母と再会し、大恋愛の末、結婚。

仕事も家庭も絶好調でしたがその半面、大金を手にしてお金の使い方が異常になってしまったこと、自分の考えこそ正しいと極端になってしまったことなど、老後に苦労する火種をいくつか作ってしまったとも言える数十年を過ごすのでした。

父の異変。命を助けるか否か

僕も弟も姉も無事大人になり、お互い結婚し子供も授かりました。それぞれ高円寺の実家を離れ、僕は横須賀に移り住みます。父はそのタイミングで実家に1人暮らしとなりました。

もともと1人でいるのは苦ではないそうで、大好きなテレビと、近所の西友があれば人生楽しいらしく、僕ら子供としては気兼ねなく家を離れることができたと思います。

離れてから数年後、みんな仕事に子育てに忙しい時期がやってきて、なかなか父のいる実家に行けなくなっていました。

父もこのとき73歳。

定期的に顔も出さなきゃなぁなんて思っていた矢先、父から電話が鳴ります。

「おう、のぼる……、ちょっと来れるか？　体調がよくねぇんだよ」

これまで全くと言っていいほど健康であり続けた父ですから、僕もビックリしてその日の夜に実家に駆けつけました。

すると久々に訪れた実家は、チラシや書類が散乱して足の踏み場もない汚い状況になっていました。

「何、これ!?　親父、大丈夫なの!?」

そう聞くと、父はいろいろ説明はするものの、呂律《ろれつ》が少し悪くて、若干聞き取りにくく、顔面の麻痺《まひ》もあるのだとか。

急いで弟に連絡すると「じゃあ俺が病院連れていくからのぼは一旦帰っていい

よ！　横須賀で終電もあるだろうから」と言ってくれました。

　ここからは弟から聞いた話なのですが、CTを撮って先生に診てもらったら「今すぐの大きな異常は見当たらない」ということで、今日は帰って安静にしてくださ い、とのこと。

　しかし弟と父が病室から出ようとした瞬間、父の顔の麻痺が起こりその状態が結構強いと判断され、急遽《きゅうきょ》、MRIで精密検査を行うことになりました。

　検査の結果、静脈洞血栓症《じょうみゃくどうけっせんしょう》という脳梗塞《のうこうそく》のような状態だったことが判明します。静脈の詰まりは結構珍しい症状だそうで、急ではありましたがその場で入院が決まりました。

　次の日の朝、僕は弟と2人で病院に向かいました。担当の方からの説明は衝撃的でした。

「今、お父様はICU（集中治療室）にいます。経過を見ると大丈夫だとは思いますが、脳のことですので急変することもなくはないです。なので、万が一のために同意書を書いていただいています。もし、仮にお父様の状態が急変して、脳に障害が残る可能性が高くても、救済措置をされますか？　延命措置に関してはどうされますか？」


僕と弟は黙ってしまいました。

2人は小声で話しました。

「え、命って助ける一択じゃないの？」

「でもあえて確認してるくらいだから、助けない選択肢も有効ってことかな……」

昨日まで父のことを考えず、仕事や家庭ひと筋で一生懸命に生きていた僕らにとって、父の命に対する問いかけはあまりに混乱するものでした。


見かねた担当の方も「もちろん急に言われても難しいと思いますから、一旦助ける選択肢で受けさせていただいて、変更があれば明日までにご回答いただけますか？」とのこと。

入院準備を終え、僕は姉に電話をしました。昨夜父が体調を崩したこと、病院に入院したこと、そして万が一の場合に延命措置はするのかということ。

姉は言いました。

「お父さんは大切だけど、延命はしないでいいと思うよ。十分やりたい放題やってお父さんらしく生きてきたからもういいんだよ。その状態になったらお金もたくさんかかるよ。万が一のときは延命しないに変更した方がいいと思う」

「あぁ、やっぱそういうパターンもあるんだ」と弟と顔を見合わせました。

これぱっかりは答えはないと思います。

父には長生きしてほしいという何となくの理想と、その後のお金はどうするんだという現実があります。そもそも父の意思すら分からない。生きたいのか、それとももういいのか。

僕は悩んだ末、〝何かあれば父を助ける〟にしたまま変更はしませんでした。

結果、数日後、数値は安定し、一般病棟に移れてことなきを得たのですが、この日、

「父もいつか死ぬ」

ということを強く実感することとなりました。

一般病棟に移って数日後、僕はお見舞いに行きました。入院したときと比べてだいぶ表情も喋りも元気そうで安心したのですが、全てをひっくり返すかのような驚《きょう》愕《がく》の言葉を父が発します。

「のぼる、俺、金ねぇよ。入院費はお前らが払ってくれよな」

……はい!?

お金ない。入院費すら払えない

父に話を聞くと、もう全然お金がないのだと。

昔からの父のお客さんが恩義を感じて、たまに10万円くらいくれると……(どんな信頼関係だよ)、でもそれくらいしかないという話でした。

「これ、もし入院してなかったとしても1～2カ月も食っていけない状況だけど、食べる物も買えなくなったらどうするつもりだったの？」と聞くと、「そのときは、のぼるかやすに食わせてもらうしかねーだろ」と言うので愕然としました。

父は最初から老後のお金は息子に全部面倒を見てもらうつもりで、全く準備をしていなかったのです。

その後、実家に戻り家中を探索したところ、のちに分かったものも含めいろんな滞納が発覚し、全部合わせると100万円を余裕で超える額でした。

収入もなく、貯金もない、なんなら滞納ばかりでマイナスの状態……。

はっきり言って経済崩壊です。

一体なぜ、こんなことに……。

のちに改めてお金のことは取り上げますが、父の介護が始まってから今もなお、父のお金問題には大きく苦労させられています。

これはお金がないことが問題なのではなく、お金がないことに本人自身が全く危機感を抱いていないことが問題で、のちに大問題を引き起こすことになります。

【老後の面倒は子供が見るのが当たり前】
【どうせ子供が助けてくれるだろう】

そんなふうに思っている親御さんを持つお子さんはお気をつけください。僕のように沼に落ちるかもしれません（笑）。

結局、父の入院は1カ月ほどかかりました。

退院の際、父の肌ツヤはよく、喋りも以前のようにしっかりとしていました。

病院の先生からは、

「症状自体は数値的にもだいぶ安定しましたが、リハビリは必ずちゃんと行ってください。筋力も落ちていますし、脳梗塞明けのリハビリは非常に重要です」

と、念を押してアドバイスいただきました。

退院後、実家に戻り、僕からも父に伝えます。

「もう何度も聞いてると思うけど、これからしばらくの間、リハビリに通うよ」

僕の言葉に父はこう答えました。

「え？　……行かねーよ？」

「……いや、行かねーよじゃないんだよ。脳梗塞明けのリハビリは超大事なんだって。ここを境に生活の質が変わるみたいだから絶対行くんだよ？」

しつこく言う僕に対して、

「あのなぁ……」

と父が呆《あき》れたような顔をして言います。

「俺の体は俺が一番よく分かるんだよ。

俺の体は先生のものではない。

俺の体はお前のものでもないんだよ。

自分の体がどうなりそうか、どんな動きをしていけばよくなっていくか、全部俺だから分かるんだよ」

……こんなことを本気で言うものですから、父を説き伏せるのは非常に大変です。

【自分の体は自分が一番よく分かる】

この言葉を心の底から確信している父には、論理的な説明をしても、時に感情的に説明をしても、まず話を聞こうともしてくれません。

信頼しているお医者さんからの言葉ですら、「自分の方が分かる」と言い切ります。

そのため、リハビリに通う説得は何日にも及びました。

そしてその結果、僕は説得を諦めます。

「じゃあもう勝手にすれば？」と投げ出したとも言えるかもしれません。

仕事で忙しい中、なんで何日も空いた時間で父を説得しに行かなきゃいけないのか？　そのたび、父には煙たがられて、

「のぼる、ホントしつこい！」

「またその話かよ」

「俺は大丈夫だからもうほっとけ！」

と言われる日々。

何の成果もないまま片道2時間を往復する日々が続きます。

そんなある日、

「こんだけやって、こんだけ嫌な顔されるならもうお父さんの自由にやんな！」

と、リハビリの説得を諦めてしまいました。


「先生に再三忠告されたリハビリを行わなかったこと」

これがその後の介護生活のスタートを大きく早めてしまう原因になります。

でも正直、僕は後悔していません。

聞く耳を持たない父に対しても、いろんな角度からリハビリの必要性は伝えられたはずです。その上で父が選んだ未来だと言えるから。

でも、もし、あのときに戻れるのなら、きょうだい総出で父を強引にリハビリ施設に引っ張り出し、最低でも3カ月は強制でリハビリさせるでしょう。

もし、似たような状態があなたにも訪れたら、親の言うことは鵜呑《うの》みにせずに強制連行することを強くお勧めします。


そうして事故は起こるのでした。

父が転倒し、ついに介護が始まる

退院してから数カ月して、父の姿勢はみるみる悪くなっていきました。
背中は丸くなり足の筋力も落ちるので歩くのすらおぼつかない状態。
そんな中で事故は起きてしまいました。

1人でいるときにキッチンで背中から転んでしまったのです。
すぐに病院に連れていきレントゲンを撮った結果、腰椎《ようつい》を骨折していることが分かりました。

整形外科の先生からは、

「お父さん、いいですか。正しい位置で骨を固定したいので骨盤ベルトは必ず巻いてくださいね。痛みがひいてきたらリハビリのようなトレーニングは必須ですよ」

とご忠告いただきました。


僕も再び念を押して言います。

「親父、前回も先生の言うこと聞かずに歩くのすら難しくなったんだろ？　今回こそはちゃんと骨盤ベルトしてリハビリするよ？　分かった⁉」

「分かったよ……」とちょっぴりしょげた父でしたが、2日後、僕が実家を訪れたときには、骨盤ベルトは部屋の端っこに放っぽられているのでした……。

僕がなぜ骨盤ベルトをしていないのかを問い詰めると「俺は締め付けられるのが嫌なんだよ。閉所恐怖症だし」と当たり前だろ風の顔で返す父。

リハビリも当然の如くやるつもりがないようです。

「こいつ、まじでどうしたろうかな……」

この頃、僕はこんなふうに何度思ったことでしょうか。

自分の状態を改善する具体的なアドバイスを、専門家の方からいただいているのに、何かしらの理由をつけて実行しない。

俺は大丈夫の一点張りで、言うことを全く聞かない。こっちが機嫌を取って伝え方を変えようと試みれば逆に調子に乗る。

仕事や家庭で忙しい中駆けつけているのに、何をどうやっても進まない。協力してくれる姿勢はゼロ。募るイライラと焦り。今後の不安は最大限に高まりました。もうダメだ。１人で抱えきれない。誰かに相談しよう。

そんな気持ちの変化から、
「介護保険制度を利用した方がいいのでは……？」
という方向に切り替わります。

「介護かぁ……。今までは親の面倒見てるって感覚だったけど、いろんな方に手伝ってもらう感じなのかなぁ？」

そのくらいの認識しか、最初はありませんでした。

本当にお恥ずかしい話なのですが、このときはまだ、ヘルパーさんとケアマネ（ケアマネージャー）さんがどう違うのかさえ、全然分かっていませんでした。

「介護」というものが僕にとって全くの未知の世界だったのです。


いよいよ父の介護が始まることとなり、妻に相談をしました。妻は「いろいろ大変になるね、一緒に頑張ろうね」と励ましてくれて、さぁ介護をやろう！　となったわけなのですが、2人でいきなり立ち止まりました。

「えーっと……、まず何から始めればいいんだっけ？」

第 2 章

介護のリアル。だから大変って言われるんだ

そもそも何から始めればいいのか

僕はこの頃、マンションの床などを清掃する掃除の仕事で週5日働いていました。土日休みですが、まだ子供たちも小さいし、家族の時間を一番大切にしたいと考えていた僕は、平日の仕事終わりに父のもとに通いました。妻は保育園で保育士をやっており、妻もまた平日はフルで働いて土日休みのお仕事です。

つまり僕たちのスケジュールは、仕事と家族の時間で、既にいっぱいだったということです。

そんな中で僕たちも介護保険制度を使おうと考えたわけですが、土日に動こうと思ってもまず役所が開いていない……。仕方がないからインターネットで、「介護始め方」と入力して検索しましたが、今から2～3年前ですら、見づらいサイトが多くてイマイチ情報も摑《つか》めない……。

介護の「か」の字も分からない僕たちは結果、介護を始めようと思い立ってからスタートラインである「地域包括支援センター」に辿《たど》り着くまでに、1週間くらいの時間を要してしまいました。

もしこれから介護が始まるよって方は、何よりもまず先に、地域包括支援センターに行ってみてください。いろいろなことが進みます。

地域包括支援センターでは、まず家の状況の確認をして、日常での困り事から父の金銭的な問題の相談にも乗っていただきました。ここでケアマネさんも紹介していただいたので、地域包括支援センターに行ったことでいろんなことが大きく動き出したと言ってもいいでしょう。

まだ僕たちのように親の介護をスタートさせたいという段階でなくても、高齢者に関する困り事に幅広く相談に乗ってもらえる場所ですので、絶対に覚えておきたい場所になります（僕は介護が始まるまで当然知らなかったです……）。

介護保険制度を利用するにあたり、父の介護度を調べるため、認定員さんに実家に来ていただくことになりました。

僕と姉が立ち会いました。

当初聞いていた話ですと、だいたい10〜15分で全てのチェックは終わるということでしたが、いざ蓋を開けてみると、父が認定員さんの1つの質問に対して話す話す……。簡単な質問にも尾ひれを付けて延々と喋るもので（父のチェックなのでその間、僕たちは話せない……）、全然終わりません。

しかも認定員さんが「歩くところを見せていただけますか？」と言うと、父は大張り切りしています。

普段は歩くのもやっとという状況だったのにもかかわらず、認定員さんの前では早歩きをアピールするかのように披露していました。「いや、お父さん……、何かの競技で競ってるわけじゃないんだから、普段のお父さんの身体状況を伝えなきゃ困るよ」と、心の中で嘆くしかできませんでした。

結局全て終わったのは、開始から1時間をゆうに超えていて、お疲れの認定員さんも「お父さんもいろいろ話したかったのかな」と苦笑いをしていましたが、当の本人は「結構楽しかった」と満足気なのでした。

後日、区から連絡があり、このときの父は【要介護1】と認定されます。

ちなみに、要介護度には「自立（非該当）」「要支援1～2」「要介護1～5」までの8段階あり、要介護1は「日常生活や、立ち上がったり歩いたりするときに介助が必要」というレベル感になります。

こうして父は本格的な介護生活に突入していくのでした。

ケアマネさんは介護のプロだった

父に担当のケアマネージャーが付いたことで、状況は一変していきます。

父の体の状況や生活環境、何より父の意思や僕たちの意向を尊重してくれる中で、いろいろと介護サービスを入れていくことを提案してくれます。

この時点でも既に手一杯だった僕にとっては、ケアマネさんからの提案は救いでした。

いろいろなサービスがあることを知り、一部導入することで僕らが楽になるだけでなく、父本人にとっても生活が楽になるはず。

僕はそう確信して様々なサービスを父に提案します。

「お父さん、ヘルパーさんに入ってもらおう？」

「知らない人だろ？　嫌に決まってる」

「お父さん、宅食弁当頼もうね？」

「おいしくないだろ？　嫌だ、いらない」

「介護用ベッドにしようね？」

「俺は今までのベッドが最高なんだ、勝手なことはやめてくれ」

「歩行器どれにしようか？」

「いらない。ここにあると邪魔だから今すぐ持って帰って」

「看護師さんに定期的に来てもらうよ？」

「意味ない。体調悪いときに病院行くから」

……。

「もう勝手にしろやボケェ！！！」

と、何度思ったか分かりませんが、結果的に全部を導入することができました。
それはなぜなのか？
ケアマネさんの力１００％です。
本当にプロはすごいんだなと思いました。

僕のように「それ間違ってるから！」とすぐに指摘するのではなく、父の意見がどんなにズレていようが、一旦父の考えを柔軟に受け入れ、優しく提案、完全に拒否されても、優しく、温かく、信頼関係を築いて何度でも何度でも同じやりとりをして、気付けば、ヘルパーさんも看護師さんも宅食弁当も介護ベッドも歩行器も、全て家の中に入っていました。

しかし、信頼関係ができていいことがある半面、家族にしかとらなかったようなワガママもケアマネさんにぶつけるようになります。

「あなたは部外者なんだから、いちいち私たちの問題に入ってくるな！」

「もう家に来ないでください！」

僕としても本当に親身にやってくれているケアマネさんに対して、父の暴言は許せません。

「てめぇ、いい加減にしろよ？　ケアマネさんがいなかったら今頃死んでるんだぞ！　その恩人に何だその言い方は！」とブチギレていても、横にいるケアマネさんは「のぼるさん、落ち着いてください。私は大丈夫です」と荒れ狂う僕を止め、再び父の話を温かく聞いてくれるのでした。

僕は思いました。

信頼してプロに任せよう。
僕が思っていた以上にプロはプロであり、僕が感情的になることでプロの邪魔をしてはいけない！　と（と言っても、この後も父にキレまくることになるのだけれど……）。

あんまりケアマネさんの話って、したらいけないのですが（仕事がやりにくくなるため）、1つだけお話しさせてください。

お父さんをそろそろ施設に入れませんか？　という提案があったときの話です。
そのときはまだ僕も、「父がこの大切な家で最期まで生きたいという意思があるのだから、ギリギリまでは父の思うように生きさせてあげたい」と思っている時期で、ケアマネさんと2人、父の今後の生活に悩んでいたことがあります。

そのときは協議の結果、【なるべく父の意思を尊重して家で生きていけるように実家を整えていく】という結論で落ち着いたのですが、
「人は最期、どこで死にたいのか？」

「父にとっての幸せって何か？」

など、生きることとは何なのか、ケアマネさんと話し合う一幕がありました。

その際、「高齢者にとって、幸せって何なのでしょうか……」と呟《つぶや》く僕に、「私はそれを今もずっと考えています」と、これまで見たことのない真剣な表情で伝えてくれたケアマネさんに、勝手ながら僕は「本当に愛情を持ってこのお仕事をされてるんだな」と敬服の念を抱いたことを覚えています。

この道のプロでさえも、「高齢者にとっての幸せ」という、答えのない問いにずっと迷いながらも毎日を一生懸命に過ごしていらっしゃるのか……。

父の担当になってくれて本当によかったと心から思える方でした。

少しの環境の変化に対しても、子供のように大暴れしてそれを拒否する父ではありましたが、こうしたプロの方々の尽力により、一歩一歩前進していけるのでした。

言うことを聞かない父にイラつく日々

少しずつ実家での生活環境が整ってきたと思っても、家の汚さはなかなか改善されません。

僕から見たら絶対にいらないだろうという書類も、父からすると、

「それ必要なやつだから絶対に捨てるなよ！」

となるわけで、「片付けても片付けても、1～2日経てばまた元通り」のような状態が続きました。

父の足腰が悪くなってくると、リビングからキッチンに行くのにもひと苦労という感じですので、食べたご飯やゴミをちゃんとゴミ箱に入れずにその辺に放ってしまったり、オムツが既にパンパンになっているのにトイレに行くまでに時間がかかってしまうため、床に尿をばら撒《ま》いてしまったりしました。

こんな言い方をしたら不快に聞こえるかもしれませんが、父の尿が散らばった床を拭くのはとても辛いことです。

「なんで俺がこんなことしなきゃいけねーんだよ！」と、誰に怒っていいんだか分からない気持ちを叫びながら床を拭いていました。何て惨めなんだろうと。

でも、どうしてなのでしょうね。

何度か似たようなことが起きたときに、

「父が老いていくのは年齢的にも自然なことで、今までできたことができなくなっているだけなのに、いちいち僕がイラついてしまうのはなんでなのかなぁ」

と疑問を持つようになりました。

僕には2歳の息子がいます。

たまに息子のおしっこで家の床を汚すことがあるのですが、「あ〜出ちゃったね〜」なんて言いながら、僕はニコニコ床を拭いています。

同じ人間のおしっこを拭いていても、いざ自分の父となるとどうしてでしょう。

イライラつきが抑えられませんでした。

よくよく考えてみると、僕は自分の仕事上（清掃業）、もっと汚い場所や現場なんてたくさん経験してきていますし、汚れ自体に怒りが湧いているのではないなと思いました。

それよりもむしろ、今まで当たり前にできていたことができなくなっていく父の姿を目の当たりにすること、つまり自分を育ててくれた親が弱っていく姿そのものを見ることが僕を不安にさせたり、イライラさせているのではないかと思うようになりました。

もとは綺麗好きだった父です。

そんな父が家をゴミだらけにしてしまう。

尿を床にしてしまう。

でも父本人がそうしたいと思ってしているわけではないはずです。

そんなふうに考えていたら、「ある意味、しょうがない」と割り切って取り組むことができるようになっていました。

もちろん、だからと言って父に注意しないわけではありません。

適当にゴミを置いてOK、トイレ行くの面倒くさいからいいや、と思われたら敵《かな》わないので、

「ゴミ箱にちゃんと入れてね」

「オムツしてるけど、なるべくリハビリだと思ってトイレ行こうよ」

のような声かけはずっとしています。

僕は今自分にできることをしっかりやる。

父が何かをできる・できないというのは、父自身の課題であり、そのことで自分はイライラしてもしょうがない。

僕は僕の今できることのみに集中すべし。

というのは、父の介護を通じて学んだ考え方の1つです。

自分と父の課題を分ける。

こうした考え方は、終わりの見えない親の介護にひと筋の光を差してくれました（まぁ、実際は難しい部分もあって父の問題にキレまくるのですが……（笑））。

みなさんも頭の片隅に置いておいていいかもしれません。


父の家の中の移動範囲は大体決まっています。その各箇所にゴミ箱をいくつも設置したり、区に連絡してゴミ回収の方に家の庭の中までゴミ袋を取りに来てもらったり（この制度は目から鱗《うろこ》でした）することで、家の状況はいくらか改善されました。

それでもすぐ汚れるのですが、僕の気持ちはこれを機にどこか楽になったように思います。

父にとっては一般常識よりも自分の論理

「老いては子に従え」とはよく言ったものです。
言葉の意味を調べてみると、
【年をとってからは、何事も子に任せて従った方がよいということ】
と書いてありました。

ああ、この言葉を作った昔の人も、親の介護で相当苦労したのかなぁ……、なんて妄想してつい苦笑いをしてしまいましたが、ウチの父も例に漏れず、全く子に従わない父です……。

既にお伝えの通り、「自分の考えが全て」という人ですから、いくら論理的に説明しようが、父のトンデモ理論の前では全てが覆《くつがえ》されてしまいます。

例えば、父が腰を傷めたので一緒に病院に行くことを伝えたときはこんな感じでした。


「一緒に病院行こうか？」

「俺の体は、俺が一番よく分かってる」

……いや、医者の方が分かるだろ。

「仮に腰が悪くて入院になったらどうするんだ？」

……いや、入院の必要があるなら入院すべきだろ。

「まだ家でやることがあるから今は入院はしたくないんだ」

……歩けなくなったら、どうすんの？

「いや、だから俺の体は俺が一番よく分かってるから大丈夫」

……それさっき聞いたわ……。


このように、同じ話を何周もする羽目になるのは日常茶飯事です。

「自分の体は自分が一番分かる」という考えを父自身が心の底から信じていて、僕らのように「体調不良時は病院に」という考え方と、そもそもの大前提が違うから食い違うのだと思います。


仮に父の考えに寄り添って考えてみると……。

うまく歩けない↓自分の感覚的にはまだ大丈夫↓自分のことは自分が一番分かる↓じゃあ病院行く必要ないわ↓のぼるが病院行けと言ってる↓医者より自分の方が分かる↓のぼるを説得↓なんでそんなに怒る？

という感覚なのではないでしょうか？

考え方のスタートライン、大前提が違うと、そもそものところから説得していかないといけないので膨大な時間を要することになります。


厄介なことにこんなパターンもあります……。


「のぼるが持ってくる食事が少なすぎる。このままでは死んでしまうから入院する」

は？　何言ってんの？　食事余裕で足りてるよ？　しかもそんな理由で入院できるわけないじゃん。

「いや、死の危険があるんだから入院できるだろ」

死の危険性なんかないよ。今病院の先生に確認したけど、全く問題ないから入院できないってよ。

「……」

後日。
「救急車を呼べば入院できるはず」

僕がいない間に勝手に救急車を召喚。
救急隊の方にお腹すいたことをアピール。
救急隊「特段、症状は見当たらないけど、一旦病院に運びます」
病院到着↓入院はできないと診断。
僕が夜に片道2時間かけて父を引き取りに行く。僕は再びブチギレ……。

このパターンで言えば、
腹減った↓食事の量を増やしてもらおう↓入院すればたくさん食べられる↓しかしのぼるが言うことを聞かない↓誰かに訴えねば↓そうだ救急車呼ぼう↓入院できず不思議↓のぼるなぜか怒ってる↓腹減ったな、みたいな感じでしょう。

話を聞けば聞くほど、本当に悪気はないようです。

ただ父の考えの大前提が一般的な発想と大きく違うことで、似たようなトラブルはこの後も幾度となく起こるのでした。

ここまで聞くと、「認知症では？」と疑う方もいると思います。

しかし昔から父はこういう人ですし、認知症の検査でも満点を出すほどしっかりしていまして、もともと一般常識で物事を考える人ではなく、自分中心が大前提としてある人なのです。

そのため一般常識で考えれば破綻している理論も、本人の中では自分を守るための大切な理論で筋が通っていると、父本人が信じ込んでいる、こんな状態です。

変な例で恐縮ですが、「一般論とかけ離れている宗教があったとして、それを心から信じている人には、普通に説得しても通じない感じ」と言ったら想像できますでしょうか？

父はまさにそんな感じですので、家族としては難しい状況が続きましたし、それは今もまだ解決できない悩みの１つです。

どうして姉弟は介護してくれないのか

父の介護を通じて僕が体感した中で最も想定外だったこと、それは一家の絆が崩壊したことでしょう。

先述した通り、もとは他人に羨ましがられるほどの仲良し家族でした。

しかし母が他界したことで家族のバランスが大きく崩れ、それでも何とか歪《いびつ》ながら保たれていた絆も父の介護をきっかけに崩壊することとなります。

父の介護が始まったとき、弟は信じられないほどの量の仕事をこなしており（常人では不可能な量)、時間がほとんどありませんでした。

姉もまた仕事と家庭で忙しく、なかなか時間が取れない状況。

一方、僕はどうだったかと言うと、もちろん忙しくはありました。ただ他の2人と比べると、若干ですが予定が組みやすかったり、ある程度、無理できる環境ではありました。


父が入院するときであったり、介護申請を出したり、父にまつわることで何か必要があれば、気付けば僕が休みを取って行くようになっていました。

「父親が困ってるなら助けに行く」

当時は本当にただただ、そうシンプルに考えていただけで、そのときは「俺だけ介護してんのおかしくない!?」なんて、全く思ってもいませんでした。


でも、僕以外の姉弟は僕が父のことでどんなに忙しそうにしていても、あまり父に関わろうとはしません。気付けば、父の介護関連の契約時には必ずこう聞かれるようになっていました。

「基本、ご連絡の際の主は〝ご長男様〟でいいんですよね？」

僕はそのたびに答えます。

「え……（別に主でやる気はないんだけど）、まぁ、そうですね（まぁ何かあれば姉弟も手伝ってくれるだろうし）、一応、じゃあ、はい大丈夫です……」

本当にこんな感じだったので、お恥ずかしいのですが、僕は別に自らキーパーソン（利用者の意思決定の確認をしたり、緊急時に連絡を取ったりと、要介護者の介護方針を決める際に相談する重要人物のこと）になりたかったわけではなく、気付いたらキーパーソンにさせられていたという感覚に近いです。

あとになって思うのですが、もう、このスタートの時点で僕は大きなミスをしていたと思います。

介護の始まりこそ最重要であること。

こんな考えも全くなく、ろくに介護の知識もない僕は〝ただ何となく〟という適当な気持ちで父の介護の責任者を引き受けてしまいました。

もしも父の介護をやり直せるのなら（後悔ばかり……）、まず明確な役割分担をします。

ちゃんと集まって話す機会を作るでしょう。

LINEは便利ですが、細部の感情表現も含めて難しいことが多いです。会って、目と目を見て、そこで約束事を決めます。


今の状況は各々《おのおの》どうで、親の介護において何ができるのか？

どのくらい時間を作れるのか？

お金はどれくらい負担できそうか？

もし何も出せないと言うのなら、〝絶対に口だけは出さない〟よう釘を刺しておいた方がいいかもしれません。

本当に、何も出さないのに口だけ出されるとキーパーソンの心は崩壊します。あなたがどちらの立場にせよ、注意しておきたい点です。

ただ我が家の場合は、父の介護に対する協力度合いが薄いからという理由だけでは、一概に姉弟を責められるような、簡単な話でもありません。

実は僕も姉弟も、昔から父には金銭問題で困らされてきました。

父から「お金を貸してくれ」と、泣きつかれたことなんて数えきれないほどありますし、いざ貸したら貸したで全く返ってこないのはいつものことでした。

貸した額をトータルすると相当な金額になります。

特に姉や弟はかなりの額を父に貸していて、それは今もなお返ってきていません。

要は踏み倒されているのです。

しかも謝りもしていないという……。

そんなふうに子供たちに迷惑をかけ続けた親が、今度はいざ弱ってきたから助けてくれと言っても素直に助けられるでしょうか。

子供が弱っている親の面倒を見るのは、一般的には当たり前なのかもしれません。

でも、そこに至るまでに相当な迷惑をかけてこられたのも事実としてある場合、自分の大切な時間やお金をそんな父親に使いたくないというのも、ある意味人間の本音だと思います。

介護が始まり、僕は姉弟と父のことでたくさん喧嘩しました。

だけど、僕が本気で怒りきれなかった最大の理由は、「そりゃあ親父に今までされてきたことを考えれば嫌だよな」という気持ちを僕もまた十二分に理解できるからであり、だからこそ余計に自分を追い込んでいくことにも繫《つな》がるのでした。

「なんで姉弟なのにもっと手伝ってくれないの？」

「このクソ親父の子供は俺だけじゃないんだぞ!?　……もう限界だよ」

心の中で1人、めちゃくちゃに叫ぶのでした。

仕事もあるし、家族の時間も大切にしたい

そんな僕を苦しめたのは、物理的な距離もあります。

片道2時間はやはり、なかなか遠いです。

乗り継ぎも2~3回ありますから父のもとに行くだけでも大変なのに、当然帰りもあるわけなので、いつも横須賀の家に帰ってくる頃にはフラフラの状態でした。

しかも、実家に行けば父と揉めることも多いので、心身ともに落ち込んだ状況で乗る帰りの電車時間は、余計に長く感じられるのでした。

父を病院に連れていく日にこんなこともありました。

朝早くから長く電車に揺られて父のいる実家に到着。すぐに父の支度をして出ようとしたら、「今日は行きたくない」とごねる父。理由を聞けば「体調がよくないから」だと……。

「だから行くんだよ！」と思い、何度となく説得しますが頑として動かないため、日程を延期することに。

「もういい、じゃあ帰るわ」と言って乗った帰りの電車内で僕は思いました。

「今日は何のために4時間も電車に揺られているんだろう」と。


無理やり病院に連れていけばいいのにと思われた方もいるかと思います。

しかし強引に進めようとすれば、「それは虐待だ！　警察に訴えてやる！」と脅す父です。そのたびに、誰のためにこの貴重な時間を使っているのだろうかと、自分の頭の中が混乱状態になることも多々ありました。

僕が「マジでふざけんな！」とキレたくなる気持ちも少しは分かっていただけるでしょうか……(汗)。

「父の介護」が僕の人生の中で大きなウェイトを占め始め、自分の生き方をふと振り返ったときに、このままでいいのだろうかと不安になることもありました。

僕には仕事と家族があります。

決して父の介護だけをやっているわけではありません。

我が家には、小学校、保育園という新しい環境に慣れようと日々頑張っている娘と息子、仕事に家事に大忙しの妻がいます。

僕自身も仕事に家庭に忙しく、まだまだやりたいことがあって、みんなで行きたいところもあって、個人的に大切にしている趣味もあります。

30代後半のこの時期は、よくも悪くもめちゃくちゃ忙しいんです。

40代に向けてどういう人生を過ごしたいのかを真剣に考えたりもしますし、家族との向き合い方やお金のことも本当にたくさん考えます。

そんな頭もスケジュールもパンパンの中で、「どこに父親のこと考える隙間あるんだ!?」という感じなのですが、いざ介護が始まったら始まったで、パンパンの冷凍庫でも無理やり冷凍食品を詰め込もうとすれば何とかギリギリ入るように、父のこともこんなに忙しい毎日だけど無理やり入れて、よく入ったなくらいの感覚です。

だからこそ、父のために何かしてあげたときに「ありがとう」の1つもないのは納得いかないいんですよね。

二度と戻ってこない30代後半のこの時期に、いろんなことを犠牲にして、ギリギリの中で片道2時間もかけて、お父さん、あなたのために掃除や買い出ししに来たんだぜ、と。

それを当たり前だと思われて、「いいからカップラーメン買ってこい」だなんてアゴで使われるような日には、俺だって言いたくなるだろうよと。

別に今さらありがとうの強要がしたいわけじゃないし、父に感謝されたいわけじゃないいけど、そうでもしなきゃ割に合わなすぎるだろう。

そんな中で俺、よく頑張ってるよ。

そうやって自分自身を励ますことしかできない僕は未熟者なのかもしれません。

そして僕のメンタルは崩壊した

そんなこんなで、まさに八方塞がりだった僕のメンタルはもう既に限界でした。

父は息を吐くように嘘をつき、全ての面倒をのぼるが見るのは当たり前、当然感謝もなく、むしろ陰で僕の悪口を言いふらし続けている。もうどうしたらいいんだろう……、そんなふうに思っていたときでした。

父が急に体調を崩し救急車で運ばれます。

病院に運ばれた結果、脱水で体内の数値が一部悪くなっているとのことで、その日のうちに急遽、入院が決まりました。

もちろん心配でした。

でも正直に言うと、父には悪いのですが、これはチャンスだと捉えました。

これを機に横須賀に住んでもらおうと考えたのです。僕が住む横須賀に父が移り住んでくれれば、いくつかメリットがあります。

まずは移動のストレスが大幅に軽減されること。僕と実家の距離だけでなく、父の介護においていろいろな契約や話し合いをするたびに都内に出ていくのは正直大変でした。それが全て横須賀市内ですむようになればかなり楽になります。

そして父に実家を出てもらう最高のタイミングだとも思いました。

1人暮らしの父に対して実家は大きすぎます。家が広すぎるからこそ片付けも大変です。

階段もあるし、床も一部抜けているところがあって転ぶリスクも高い家です。

家を離れるならこの入院のタイミングがベストだと考えました。

時期的に病院内の病床数が限られていたことと、横須賀に転居する流れの兼ね合いから、父は次のように病院を移り変わっていくことになります。

都内A病院↓都内A病院分院↓横須賀B病院↓横須賀C病院

入院4日目くらいには体調が回復していた父でしたが、短期間で4つの病院を跨《また》ぐというのは、父にとっても大変だったと思います。

しかし父は見事に4つ全ての病院で大暴れしてしまいました。

「病室が狭い」

「ふざけるな」

「部屋を今すぐ変えろ」

「俺の言うことを聞かないのなら今すぐ退院させてもらう」

……ワガママのオンパレードでした。

それでも各病院の方々がこちらの事情を察してくださって、父という狂気のバトンを何とか繋いできてくれたのですが、横須賀B病院→横須賀C病院に転院する際に、ついに取り返しのつかない大事件が起きてしまいました。

朝、C病院に着いた途端です。

父は「自分にとって納得できる部屋が用意してもらえないのなら、ここに入りたくない」と言い出します。

病院の先生方もお忙しい中、父のところまで来てくれて、何度も何度も説得をしてくれました。それでも父は暴言を吐きまくり、しまいには病院内で大暴れして、C病院から「入院拒否」の通達を食らうことになります。

ちなみに実家はもう戻れるような状況ではなく、今日の今日で帰れる場所がありません。

僕たちがどうしようと彷徨《さまよ》っていると、父は「俺は実家に帰る！」と言い出しました。しかもタクシーで。

僕や病院の関係者の方が、それは無理だと何度説得しても、全く言うことを聞きません。

いや、なんなら、父はタクシー代すら持ってないのです。普通に無理でしょ。その場にいる人みんながそう思っていました。

しかしいつだって父は、そんな僕らの予想を遥かに超えていく人です。

僕らがちょっと目を離したタイミングでした。父は勝手にタクシーを捕まえて実家に出発してるではありませんか!?

父は携帯も持っていません。

連絡が取れない……お金も小銭しかないはず……。

片道2時間もあるのに、どうするの!?

僕と病院関係者はその場で呆然《ぼうぜん》としていました。C病院に着いたのは朝でしたが、父がタクシーでいなくなってしまった頃は既に、すっかり日も暮れているのでした。

その場にいても仕方がないということで、僕は自分の家に失意のまま帰ることにしました。

たまたまそこには、妻の両親も来ていて、今日あったことをみんなに伝えます。

事情を知ったお義父さんが、「本当に大変だったな。でも、のぼができることは全部やったよ。もう今日はゆっくり休もう」と僕の肩を叩《たた》き、労ってくれました。

もう疲れすぎて、そのまま眠りにつきたい……そう思ったときです。

ピンポーン!

我が家のインターフォンが鳴りました。

見ると、そこにはタクシーの運転手が1人立っています。

急いで玄関に向かうと、運転手さんはとても不機嫌そうにしていました。

「おたくのお父さん? 今、俺のタクシーに乗ってるんだけど、この人、無賃乗車だよ？　お金払ってくださいよ」

なんと無賃乗車で東京に向かったはずの父が、そのまま我が家に進路変更してきたのでした。聞けば東京に向かっている最中、父の様子がおかしく感じて尋問したら、お金を全然持ってないことが判明したそうです。そして、僕の家に進路変更したと。

僕はタクシーの後ろに乗っていた父に向かってブチギレました。

「てめぇ、本当に勝手なことばっかしやがって……、結局困ったらまた俺のところ来るんか⁉　いい加減にしやがれ。自分のケツは自分で拭けよ！　もう本当に……ふざけんな‼」

静かな住宅街に僕の怒鳴り声が響きます。

怒りは全く収まらず、タクシーの運転手さんにはこのまま警察に連行してもらうように伝えました。

「僕はこの人のお金を払うつもりないので。無賃乗車で警察に突き出してください」

タクシーの運転手さんもしぶしぶ了承。

父を乗せた車は警察署に向かうのでした。


シーンと静まり返った家。

自分がブチギレているところを義両親に見られて恥ずかしい気持ちにもなりましたが、もういいや、本当に疲れた。

いろいろあったけど、長い1日がとりあえず終わったから、今日は早く寝よう。

急いでお風呂に入って、早めに就寝しようと思ったそのときです。


ピンポーン！


またしてもインターフォンが鳴ります。

嫌な予感がしました。

今度は何だ……。

インターフォン越しにいたのは警察官でした。僕はこのとき正直に思いました。

「あぁ、今日はまだ終わらせてくれないのか……」と。

ため息を漏らしながら玄関に向かいます。

「お父様の件ですが……」

警察官が言いたいことは1つでした。

今すぐあのお父さんを保護しに来てほしい、つまり迎えに来てくれないか？　とのことです。

僕はこれまでの経緯を説明しました。

もう父の介護が限界であること。

父との縁を切りたいし、弁護士さんに相談したとき、「この父親の面倒を見る義務がないです」と言われたこと。

家（実家）に資産価値があり生活保護すら受けられないこと。それでも父のワガママで家を手放してくれないこと。
今日も大暴れして入院拒否されたこと。
行く先もないこと。
勝手にタクシーに乗って行ってしまって、周りのことを1ミリも考えてくれないこと。

全てを話しました。知っていること全てを。
それでも警察としては、「事情は分かるのだけど、このままこちらに放置されても困ると。何とか話し合いに来てくれませんか?」ということで、既に心身ともに疲れ果てていた僕は、真夜中の警察署に出向くことになるのでした。

「ありがとう」「ごめんね」があるだけで救われる

署に着くと父はうなだれたように下を向いていました。今日は父にとっても、朝から大暴れしているわけでさすがに疲れているのでしょう。その姿を見て、僕も父を不憫《ふびん》に思いましたが、心を鬼にして2つの条件を提示しました。

「親父をここから保護するには2つ、条件があります。1つは明日朝に入院拒否された病院にもう一度出向いて誠心誠意謝ること。可能であればもう一度入院させてほしい旨を伝えること。そして2つ目は、実家を売却すること。この2つを警察の方々の前できちんと約束して今後必ず実行すること。これが呑めなければお前は一生ここにいろ」

父はこう答えました。

「あぁ、分かったよ。約束する」

警察の方々も「お父さん、僕たちもしっかり聞きましたよ。ちゃんと約束を守ってあげてくださいね」と父に念を押してくださって、僕はしぶしぶ父を引き取るのでした。

次の日、約束通り病院に謝罪に行きました。

「昨日はご迷惑をおかけしてすみませんでした」

僕が病院中に謝罪をしている横で、父も小さく会釈していました。

入院の件はと言うと、「入院拒否」という病院側の決断は揺るがないとのことです。父は「は？　謝ってるのに入院もできないのかよ？」と小さくボヤきましたが、その言葉に僕が本気でキレている顔を見つけてすぐに黙りました。

病院の方が行くあてのなくなった父のために、今日の今日でも入れる施設を探してくださり、2~3日だけでも入れる場所を確保してくださいました。

一旦の施設に父を送り、その間に別の施設を段取りました。そして3日後、父を新しい施設に送る日が来ました。

ここまでいろいろあったけど、ここからは事がスムーズに進むかもしれない。


……しかし、そんな淡い期待も、簡単に裏切ってくるのが父という男です。

施設から施設へ移動中、事件は起きました。

車内は僕と妻、そして父の3人。

静かな車内が1つの発言をきっかけに大混乱することになります。


「俺はさ、家売らないぞ」

はい!?

怒りに震えている僕を横目に妻がすかさずフォローします。
「お父さん、警察でも約束したんだからそれはダメだよ。今はそう言ってるだけだよね、ちゃんとのぼるちゃんと警察官と約束したもんね」
「いやいや、なみちゃん（妻のこと）……、あのときはそうやって嘘でもつかないと警察から出してもらえなかったんだよ」

父のそのひと言に、もう、何と言っていいのか……、父に対しての全てが崩れ去りました。

「もういいや、お前はここで降りろ」

近くにあった駐車場に車を停めて、父を強引に車から降ろしました。
「お前は気でも狂ったのか!?」と父もまた怒り狂っていましたが、僕はこのまま本気で父を見放して、今後の父の人生から完全に離れたいと思っていました。

倫理的なことを考えれば、僕の行動は許されるものではないかもしれません。でももう、心が限界でした。

母の遺言のように父を託され、たくさんの問題を抱える父を気付けば僕1人で背負ってしまっている状況。

弁護士には「面倒見る必要ない」と言われ、警察官には「面倒見てもらうしかない」と言われる。

区や市に相談しても、父が特殊すぎてみんなお手上げ状態。

もう、この親父は、一体、何を、どうすれば、俺の手元から離れてくれるんだ。

思いが爆発して、涙が止まりませんでした。

一体、俺が何したって言うんだよ。

みんなやりたくないって投げ出した親父を、何とかなるように一生懸命にやってただけなのに……、俺ばっかかなんでこんな辛い思いしなきゃいけないんだよ……。

本当の本当にその駐車場に父を捨てていこうと思いましたが、ケアマネさんに電話をして状況を説明したところ、「のぼるさんの気持ちは痛いほどよく分かる。だけどそのままお父さんを放置すれば、ここまで一番頑張ってきたのぼるさんが罰則を受けかねない。そんな悲しいことないじゃないですか。大変だとは思いますが、何とかお父さんを施設まで連れていきませんか？」と説得され、当初の予定通り、僕たちは父を施設まで運ぶのでした。

介護が大変な理由は、家庭によって全然違うと思います。

遠距離、兄弟間トラブル、お金……、挙げればいろいろありますが、僕は個人的に「自分が介護する親が、心から助けたいと思える人かどうか」だと思います。仮に「この人を全然助けたくない」って思ってしまったときに、そこから先の介護はストレスであり全てが苦行に感じてしまうのではないでしょうか。

いくら家を散らかしてしまっても、いろんな物が捨てられなくても、どんなに家から遠くても、弱ってサポートがたくさん必要な状況になってしまったとしても、それで喧嘩が増えても、そこに信頼関係があれば、そこに愛情さえあれば、僕は頑張れます。

自分にできることであれば、やってあげたいと思えます。

そんなの綺麗事だと言われることもあるかもしれません。でも僕はそうです。


「ありがとう」

「ごめんね」


たったこのふた言があるだけで、どんなに今と違う状況だっただろう。

僕には分かりませんが、世代的なものもあるのでしょうか。子供にそんな言葉を言いたくないという方も、もしかしたら多いのかな。


もし、今子供に介護をしてもらっている、これから介護をしてもらう親世代の方々。感謝や謝罪は言わなくても伝わっていると思っていたら大間違いです。

言わなきゃ絶対に伝わりません。

必ず、思ったときに伝えてほしいです。

そして僕の父のように、「子供が親の面倒を全て見るのが当たり前」とも思ってほしくないです。こっちは当たり前だと思っていません。

そのお互いのギャップのズレがそのまま信頼関係のズレに繋がります。

我が家を振り返ると最初はちょっとしたことから始まっています。そしてのちに大きな問題になっているのです。


今ここまで読んでいただいているあなたが、親側なのか子側の立場なのかは僕には分かりません。

しかしどちらにせよ、僕たちの大失敗談を通じて、日頃の親子関係を見直すきっかけに繋げてくださると嬉しいです。

大問題のきっかけは意外と普段の日常にあります。

本当にお気をつけください。


僕たちが日常からうすうす感じていた違和感が、大問題となって顕在化した一番は「お金」に関することです。放っておくとこんなにヤバいことになるという、世にも恐ろしい実体験を次章でお話ししていきます。はぁ……。

第 3 章

介護のお金問題。いくらあれば足りるのか

僕らを悩ませた「異次元の金銭感覚」

父のお金の感覚をひと言で表すとしたら「あるものは全部使え」でしょう。

貯金は人生で一度もしたことがないと思います（むしろできない）。

お祖父ちゃんから受け継いだ自営の仕事で、いい時期は月に100万円以上の大金を稼いでいたそうですが、稼いだ分はすぐに使って、それでも使いきれなかったお金が家に残っているお金、というような感覚で生きてきたそうです。


だから、僕が小さかった頃は、友達からよくこう言われていました。

「のぼちゃん、また旅行行ったの？　いいなぁ」

「のぼちゃんちはお金持ちなんだね」

僕は当時何も分からなかったけど、みんなが言うんだから、うちってお金持ちなんだ〜くらいに思っていました。

でも今となって、あの頃の小さかった僕や友達にこう言ってあげたいですね。

「うちは稼いでるかもしれないけど、全く貯金をしないから手元に残ってるお金はゼロだし、仕事が順調なうちはいいけど、仕事が下火になってくると一気に破産するような、なかなかヤバい家なんだよ」と(笑)。

でもまぁお金の使い方は人それぞれで、家庭によっても考え方は違うでしょうし、僕はそもそもお金のプロでも何でもありませんから、父のお金に対する価値観や、全て使いきる考え方を否定するわけではありません。

「お金は全て使いきる」という家に生まれた僕は、もちろんその感覚のせいで今となっても苦労しているわけですが、嫌なことばっかりだったかと言うと決してそんなことはありません。

むしろ若い頃は楽しいことの方が多かったくらいです。

家族でたくさん旅行に行きました。おいしい物もいっぱい食べさせてもらいましたし、お金をセーブすることなく遊んでもらいました。

僕がその頃を思い出すとき、何をしたかはうろ覚えなのですが、とにかく「楽しかったなぁ」と。

お金が全てではないと思いますが、ある意味、お金を家族の笑顔のために使えていたと思います。


大切な母の最期を間近で見た僕は「人生はいつ終わりが来るのか、本当分からないなぁ」とも思うのです。

老後を考えすぎるあまり、今のお金のバランスが貯蓄に傾いてしまって、一番大切な〝今〟を楽しめてない人もいますよね。

そうやって考えたりしてると、お金の使い方って、そのままその人の生き方を表しているようだとも思います。

仮に人生を42・195キロを走るマラソンに例えたとすると、父は後先考えずスタートから超ハイペースで飛ばしていって、20キロ地点くらいで酸欠を起こしている感じでしょうか(汗)。

何やってんのお父さん……とは思いますが、20キロまではぶっちぎりの1位で楽しかったのなら、それもまたいい人生じゃん、とは思います。

……とは思うのですが、それはあくまでも父の個人レースだった場合ですよね。

家族という視点で考えると、人生はマラソンと言うより駅伝の要素もあると僕は思っています。

父のペース配分完全無視走りのせいでなかなかタスキが来ないから、次走者の僕が道を逆走して父を迎えに行っている感覚があります(笑)。

父のお金に対する考え方は1つの価値観として尊重はするけど、家族というチームの目線で見れば、やはり大変なことの方が多かったです。

父が初めて入院したタイミングでお金の危機的状況が顕在化することになるので

すが、その当時、父は74歳。

貯金ゼロ。収入なし。滞納額100万円超えというトリプルパンチ状態でした。

父自身、稼ぎがいい時代も長かったのだから、ほんのちょっとでもその中からコツコツ貯金に回していれば……、ほんのちょっとでも稼いでいた時期の金銭感覚が改善されていれば……、おそらく今、こんなにお金で困ることはなかったでしょう。


しかし、良くも悪くも父のおかげでいろんな世界を経験することができました。

お金があってたくさん遊んだ小さい頃。

お金がなくなって1日を100円のパンで凌いでいた大学時代（このあと詳しくお話ししますね）。

どちらも経験した中で、僕なりのお金の価値観があります。

それは「何事もバランスが大事」ということです。


それが本当に必要なものかよく考える。

使うべきときは使う。

一定の決めた金額は貯蓄に回す。

至極当たり前のことかもしれませんが、意識しているのはこんなところでしょうか。

先ほどのマラソンの例で言えば、僕は42・195キロをスタートから完走するまで全て楽しんで走りたいと思っています。

今この瞬間も、年を重ねた未来も、自分らしく自尊心を持って生きていきたいです。

じゃあ父のようにお金をたっぷり使わないと人生楽しめないのかと言うと、そんなことはないと思います。

たまに非日常を楽しむ旅行があってもいいけど、父のように毎月行く必要ないですよね。

近所の仲良し家族とタコパ（たこやきパーティー）したり、お金をかけずとも家族みんなが楽しむ方法なんていくらでもあるわけです。

もちろん、いつ死ぬか分からないから全部使いたいという考えも分かるのですが、それでも先を見据えてお金を取っておくということは、健康寿命が延びている昨今では余計に大事な考え方になってくるのではないでしょうか。

僕の知り合いにもいるのですが、

「俺は60（歳）まで生きられればいい。だから今が楽しきゃいいのよ」

と言って、お金も時間も健康も全然顧みないタイプの人（高円寺には根っからのロックンローラーがたくさんいます）。

いいんですよ、それはあなたの価値観ですし、なんならこういう人はちょっと魅力的にも見えたりしますしね。

老後のことは全く考えず、今この瞬間に全てを賭けるという生き方。全然ありでしょう。

でも。いろいろ苦労した僕の立場からすると、このタイプの人たちには、ひと言だけ言いたくなります。

それは、

「周りを道連れにだけはしないでね」

ということです。

あなたがどう生きるかはあなたの自由です。

誰も止められるものではないと思います。

でも、いざ60歳になって本当に何も残っていなかった場合、「俺は老後のことなんて全く準備してこなかったからお金とか何もねぇんだわ。お前ら助けてくれよ」なんて、大切な家族には絶対に泣き付かないようにしていただきたい！

「自分で決めて選んだ人生でしょ？　今さら何言ってんの!?」という気持ちになります、家族側としては。

お金のバランス、生き方のバランス。

心から大事にしたいと思っている僕の考え方です。

大学時代に既に貧乏を体験していた

入院したときの「俺、お金ないから」という父の発言から、実家の金銭問題が明確になったわけですが、今思えば、もっとずっと前から異変はあったのです。

ここでは何か違和感を覚えたら、絶対にそのまま放置しない方がいいという実体験をお伝えしていきます。

まず、ここまで説明している通り、父には異常な金銭感覚があります。

昔から全てのお金周りを超どんぶり勘定でやりくりしていたために、それが僕たちの日常すぎて逆に気付きづらい面もありましたが、僕もだんだん大人になっていく中で、高校生くらいにもなると「うちの親父、お金の使い方やばくね?」とは思うようになっていました。

「まぁ、とは言っても、普通にご飯食べられてるし、何とかなってるならいいのかな」程度に考えていて、当時17歳くらいの僕は一旦、問題を直視しない選択を取りました。

そして時が流れ、僕は大学に入学します。

「大人になったら、プロサッカー選手になる!」という小さい頃からの夢を持っていた僕は、全国からいい選手が集まるようなサッカーの名門大学に入ることにしました。

家から少し離れた場所にあるため、大学の近くにある寮に入り、サッカーに専念できる環境を整えることになります。

朝早く起きて自主トレーニング。

日中は授業を受け、夕方からチームのトレーニング。

寮に帰ってきたら、筋トレとランニング。

生活の全てをサッカーに捧げて、1年が経つ頃には体もだいぶ大きくなり、レベルの高いサッカーにもついていけるようになりました。

そんな順調だったときです。

急に大学の部長さんから呼び出しがありました。

「のぼる、言いにくいんだが、サッカー部の部費と寮費が未納なんだが、どうなってるんだ」

「……え!? ど、どのくらいですか?」

「いや、もう、ほとんど払われてないぞ……」

まじか……。

僕はそこで初めて知りました。

……もしかして、うちお金ないのかも、と。

そう言えば、仕送りもかなり減っていたよな。

弟から「親父全然働いてないけど、大丈夫かな？」といった連絡も随分前に来ていた。

でも、まさかなぁ……。

急いで実家に帰りました。この時期はずっと寮生活をしていたので久々の帰宅でした。

ドキドキしながら玄関を開けると、ちょうど家の電気とガスが止まっていました。

……あぁ、まじか、と思いましたね（笑）。

僕は昨日まで【ウチはお金がある家】だと思っていたのに、今日、【電気代とガス代すら払えてない家】になっていて、その現実に思考が全く追いつきませんでした。

しかしこういうときって人間、不思議ですね。

僕はその現実を見て笑っていました。

と言うか、笑うしかなかったのかもしれませんが……。

不思議と達観した気分になったのを覚えています。

実家に電気がついていなかったのですが、暗闇の奥に父を見つけます。

問い詰めるとどうやら父にはプライドがあり、僕に「お金がない」ことをずっと言えなかったそうです。

母が他界し、自営業の父は仕事のやる気を失っていました。仕事を減らしまくっていたのです。

僕は即座に言いました。

「そうか、じゃあ俺、大学辞めるよ」

すると父は、

「大学は絶対に辞めないでほしい。お前たちを大学まで出すことが俺の夢なんだよ。お金の件は絶対に何とかするから」

父の覚悟を聞いて、なら僕も絶対プロサッカー選手になって家族にいい思いをさせたいと、より一層トレーニングに励むことになります。

ですがここから極端に貧乏ロードを突き進んでいくことになります。

簡単に美談になるほど人生は甘くないですね。

貧乏エピソードは思い出せばいろいろとあるのですが、僕が一番よく覚えているのは、5本入りのスティックパンを100円で買って、その5本を朝昼晩に分けて食べていたことですかね。

当時、お金はなくても、激しいトレーニングは続けていますからどうしてもお腹が空いてしまうんですけど、そのスティックパンを1本1本大事に、簡単に胃に入れないように何回も何回も噛んで食べることで、満腹中枢を満たしていました。

ちなみにこれ、逆効果で痩せていっちゃうので、絶対お勧めしません。

そんな大変な時期でも友達や先輩の助けもあり、楽しく過ごすことができました。


しかし、お金がないときに一番辛かったのは、腹が空くことではありません。

お金がないことで夢を閉ざされそうになったことです。


僕は当時本気でプロサッカー選手を目指していました。

母が他界する直前にも母と、【絶対にプロになるから】と約束していたので、生活の全てをサッカーに捧げてでも、サッカーで食っていく覚悟が僕にはありました。

ただそのためには、僕が当時所属していた大学のリーグ戦で大活躍してプロチームからのオファーを受けなければなりません。

なかなかレギュラーに定着できない中、やっとの思いで掴んだチャンスが大学3年生のときにやってきます。シーズンが開幕する前に僕は必死の思いでレギュラーポジションを掴み取りました。

ここからの1年間が自分がプロになれるか否かの勝負の年と分かって臨む重要なシーズンでした。

大事な大事なシーズン開幕戦。

その日を待ち侘《わ》びたのは僕だけではありません。

家族、友人、そしてきっと天国の母ちゃん。

多くの仲間が遠い試合会場に足を運んでくれました。

緊張して前日はよく寝られませんでした。

でも体は興奮状態で軽い。調子よく試合に入っていけるはず。そう思っていました。

試合直前のミーティング。

いつも通り、監督から今日の試合の先発が発表されます。

……。

……あれ？　僕の名前が呼ばれません。

まさかサブに回されたか。

悔しくて唇を噛んでいると、なんとサブメンバーにも呼ばれませんでした。

一瞬頭が混乱して、何か間違えてるのかと思い、すぐに監督に駆け寄りました。

「今、僕、呼ばれてないんですけど」

傲慢《ごうまん》に聞こえるかもしれませんが、この日までずっとレギュラーで準備させてもらっていたので、何かの手違いとしか思えませんでした。

監督は苦い表情でこう答えます。

「のぼる……、すまん。学校の決定で、部費滞納がまだあるので学校側からのぼるは出すなと言われてしまったんだ。反対はしたんだが……」

僕はその場で泣き崩れました。

スタンドにはこの日のために遠方まで来てくれた友人がいます。

努力して努力して、やっと摑み取った勝負の1年。

それが実力の問題ではなく、金銭面で出られないというのが絶望的でした。

結局このあと選手として貴重な1年間を棒に振ることになります（試合に出る許可が下りなかった……）。

それでも夢を諦めきれなかった僕は、その後サッカーで会社に入社し、お金を貯めてから海外にチャレンジしていくことになります（ちなみに、会社員時代に頑張って働いて滞納していた部費も全部返済できました）。

そして今、僕が思うこと。

それは、

【全部、自分が悪かった】

ということです。

お金がないなら夜帰ってきてから働けばよかった。

父のお金の使い方が荒いのは分かっていたのに、何かを変えようとはしなかった。

異変に気付いていたのに見て見ぬふりをしたのは全部僕です。

試合に出してくれない大学や部費が払えなくなった父を恨んで、環境のせいにしていた弱い自分がいけなかったことを、本当は知ってはいたけど、知らないフリをして現実から逃げていました。

実体験からこれは強く言えるのですが、お金がなくなる家には必ずと言っていいほど、その〝前兆〟があるはずです。

我が家の例で言えば、収入は激減しているのにもかかわらず、出ていくお金は、稼ぎがよかった頃から全く変化してない。

稼ぎがないのに、自分が食べたい物を食べ、欲しい物を買う。

船に穴が空いてれば沈むように、実家の経済状況には大きな穴が空いていました。

穴が小さい段階でいろいろ改善すべきだったんです。それを適当に見過ごした自分のミス。

しかもよくなかったのは、その反省を活かせなかったことです。

同じようなミスをその10年後、もう一度繰り返してしまうなんて……。

ああ、なんてこった。

滞納だらけでも年金を申請していない

それから数年のうちに、崩壊した実家の家計も一旦は回復することができました。そこには僕たちきょうだいの尽力があったわけですが、何よりも父本人もまた仕事を頑張るようになり、滞っていたいろいろが回るようになったのでした。相変わらずの散財っぷりは何度注意しても変わりませんでしたが、生きていく分には一旦の解決を見ました。

そして僕たちはそれぞれ結婚し、それぞれの家庭にシフトチェンジしていくわけです。

今思えば、「なんで!?」という感じなのですが、大問題は解決したとみんな安心しきっていたのでしょう。父のその後を誰も気にかけていなかったんですね。各家庭に子が生まれ、30〜40代の働き盛りです。

言い訳になってしまいますが、親を気にする余裕がないほどに、ただ目の前の慌ただしい日常を一生懸命生きていました。

そして、入院した際「入院費はお前らが払え」と言われた瞬間、僕らは思いました。

「あぁ、やっちまった」と。

親父はまた金銭感覚が崩壊しているのだと瞬時に悟りました。

家を探せば、出てくる出てくる滞納の山……。

「なんでこんなに長い期間（約1年）、電気代とガス代払ってないのに止められてないの!?」

見たことないような枚数の請求書が束になって送られていました。

父曰く、新型コロナが一番流行《はや》っていた時期に、電力会社やガス会社が延納措置を知らせてくれて、支払いが厳しい人は支払い日を少し延ばしてくれるという通知が来ていたらしく、父はそれに甘えて（甘えすぎて）、全く払わなかったそうです。

それだけでは飽き足らず、電話代などもそうですし、極め付けはお墓代も数年未払い。

聞けば、支払いを延ばしてくれるのは全部後回しにして、緊急性のあるものから払ってきたそうです。

父にとっては食事も「食べなきゃ死んじゃう」（つまり緊急性が高い）という理由で、信じられない量の食事を摂っていました。

収入はと言うと、ほぼゼロになっているにもかかわらず、昔から続けてきたからという理由で毎月数万円もする広告宣伝費を垂れ流していたり、仕事用の電話で無駄に4回線払い続けています。

船の例で言えば、いろんな箇所に穴が空きまくって海水入りまくり状態なわけで、しばらくチェックを怠っていた間に、実家の経済状況はどこから修復していいかさえ難しい泥舟状態になっていたのでした。

つまり僕としても、過去の過ちを10年の歳月を超えて繰り返してしまったわけです。

絶対に注意しておかなきゃいけなかったのに。いくら自分たちが忙しかったにせよ、散財におけるスペシャリストを放置してしまったのもまた事実。

正直、なんで親子だからってお金の面倒まで見続けなきゃなんないんだよという思いもありましたが、このまま放置してもマイナスが加速していくだけなので、とりあえず今自分にできることをやろうと決めました。

その中で、父は年金をもらっていないことに気付きます。

急いで年金事務所に確認しに行きますが、調べると父の年金額はなんと月々2万円……。

「いや、年金も全然払ってこなかったんかい!?」という感じですが、もちろんこの額で家の経済状態を元に戻すことはできません。頭を抱えましたが、同時にひと筋の光も差しました。

「遡り年金」というものがあったのです。

本来65歳から受け取っているはずだった年金分を過去に遡った分から受け取れるという制度で、年金の申請すら面倒くさいと放置していた父（当時75歳）が偶然溜《た》め込んでいた額が総額113万円にもなっていました。

これで一旦父の滞納分を払える！

僕はあえて父に確認はせず、滞っていた分の支払いに回しました。確認をとったところで話を聞いてくれないことなんて目に見えていましたから。
遡り年金を全額滞納分の返済に充て（それでも滞納がまだ残っていたが……）、父に事後報告をしに行きました。

「遡り年金で親父の滞納額払っておいたよ」
「お前、人の金を、なんてことするんだ！　これは〝横領〟だぞ！」

僕からすると、金銭崩壊している父をむしろ助けたつもりだったのに、横領、犯罪者、悪人というレッテルを貼られるのは納得がいきませんでした。

「じゃあ俺が返済しなかったら何に使うつもりだったんだよ」と聞くと、父は、
「いろいろだよ……。電気、ガスなんて、まだ待ってもらえるんだから後回しでいいんだよ、おいしい物食べたりできただろ。本当にお前はお金のうまい使い方が分かってないな」

この言葉を聞いて僕は思いました。

「やっぱりこっちの判断で滞納分の返済に充てておいて正解だったな」と。


この遡り年金事件から2年経った今でも、父はこう言います。

「息子に横領されたのだ」と。

しかも身近な病院の看護師さんや介護士さんに言うに留まらず、警察の方をわざわざ呼んで言いつけているあたり、父の中の僕に対する恨みは消えていないように思います。


……そんなんされたら、もう助けたくもなくなるよ、お父さん。

家計崩壊の危機「え、俺が全部払うの!?」

滞納が一旦収まっても、収入と支出のバランスが大崩れしている父は、気を抜けばまたすぐ滞納地獄に逆戻りしてしまいます。


毎月の収入は年金の2万円のみ。

支出は無駄遣いのオンパレード。

収入をすぐに増やすことができないので、まずは自分次第でコントロールしやすい支出を抑える努力から始めました。

あればあるだけ食べてしまう大食漢ぶりは昔からです。

僕が当時高校生（しかもゴリゴリのアスリート）で一番ご飯を食べていた時期に父と焼肉を食べに行ったことがあるのですが、食の全盛期であった僕よりも全然食べるので、驚いた記憶があります。

今でもすごい食事量をキープしようとする父ですから、食費は本当に注意しなければなりませんでした。

電気もすぐつけっぱなしにします。

特に寒い時期のエアコンや電気毛布は1日中切ろうとしないので、冬の電気代は恐ろしい額になっていました。

日常だけでなく、父の仕事に関する出費も酷い状況でした。

既に全くお客さんが来ておらず、事実上の廃業状態でしたが、「40〜50年続けてきたから今さらやめたくない」という理由で、鳴らない電話回線を4本、誰も見てないであろう高額の広告宣伝費、特許継続料等をただただ垂れ流していました。

なぜ客もいないのに止めないの⁉ と思われるでしょうが、要は父のプライドです。長年これでやってきたというプライド。

僕はそんなプライド、秒で捨ててほしいと思いましたが、父にとっては大事なのでしょう。

なかなかそれぞれを解約してくれませんでした。

今、ザッと挙げただけでも、

・食費
・電気
・ガス
・仕事関係

の出費がそれぞれ異常値だったわけですが、1つ1つの改善を促しても、独自の思考回路を持つ父は何かと理由をつけて話し合いにすら応じてくれません。

それでも何度も何度も何度も何度も父に伝えに行きました。

「食事の量を抑えようね」
「電気は使わないときは必ず消そうね」
「もうお客さん来ないいんだから、いろんな支払いやめようよ」

←

「お父さん、いい加減にしよっか」
「何度言えばいいのかな」
「本当にお金なくなっちゃうよ」

←

「てめぇ、誰が払ってると思ってんだ！」

「全部お前が準備してこなかったのがいけないんだろ！」

「早く俺の言うこと聞けよ、バカ親父！」


未熟な僕は、日に日にイラつきが抑えられなくなっていきました。

その最たる原因ははっきりしています。

この父が垂れ流しているお金を払っていたのが僕1人だったということです。

我が家も父につられて経済崩壊してしまうかもしれないという〝焦り〟が、父にキツくなってしまう要因でした。


この話をすると、決まって言われることがあります。

それは、

「なんで1人でお金出してるの？」

「姉弟は出さないの？」

ということです。

この辺りの話を正確に伝えようと思ったら、各家庭の諸事情に言及しなきゃいけなくなったり、各々の感情も細かく紐解《ひもと》かなければならないので、「ズバリこういう理由だから」といった明確な理由は分かりません。

正直、姉弟とはバチバチに喧嘩しましたよ。

「なんで俺だけ出してんだ!?」って。

「あの親父の子供は俺だけか!?　みんなの親父だろ!」って。

でも2人にもたくさん言い分があって、その言い分を聞いても僕は理解はできなかったけど、

「今、父のために出せるお金がないから」

ということで、「もう姉弟に頼ろうとすること自体を諦めよう」と僕なりに決意したのでした。

父のことで日々疲弊しているのに、他の身内と揉める体力が僕には残っていなかったとも言えます。

僕が伝えたいことははっきり伝えたので、それで変わってくれるかどうかは向こうの課題であって僕がコントロールできることではありません。

これ以上の主張はやめ、基本、自分1人で頑張っていこうと思いました。

でもその後、弟は月に2回程度ですが、実家に行って食料を買い出してくれるようになったりしました。

これだけでも僕の心身の疲れはだいぶ楽になりましたよ！

親の介護において、きょうだい間トラブルってよく聞くけど、うちは絶対大丈夫だと思っていました。たびたびお伝えしていますが、もとはめちゃくちゃ仲良し家族だったのですから。

でも、本当に実体験として自分自身が経験して思います。

最初にいろいろ腰据えて話し合っておかないと100%揉めるわ、と。

そんな今も、姉弟のことは大好きですよ。

これからも姉弟に何かあれば僕は助けてあげたいと思っています。

でも、介護に関してだけは【そもそも僕に姉弟はいなかった】という設定を心の中に持ち、進めています。

それくらい割り切って考えると、ストレスも軽減されて心は楽ですね。

そんな中でちょっとでも姉弟が手伝ってくれると、嬉しさも倍増します（全くやってくれないと思っていた人の手伝いは格別です）。

まぁそんなこんなで、家族間でも揉めに揉めましたが、結果、父の全てのお金は僕が払うことになりました。

でも何と言うか逆に覚悟決まりましたよ。

こうなったら徹底的にやってやるぜ、と。

生活保護が申請できない たった1つの理由

いろんな介護のプロフェッショナルたちに相談させてもらいましたが、「もうそこまで来たら、生活保護がいいのでは」というアドバイスはとても多かったです。

当初、父に生活保護の申請を相談すると、父の兄弟に連絡が行くのが嫌だとごねました。父は4人兄弟の次男なのですが、兄弟とそりが合わず、何年も疎遠になっています。

久しぶりの連絡が「このままだと生活保護になってしまうのですが、援助できませんか？」だったら格好がつかないと、この期《ご》に及んでプライドを優先しようとしていました。

区に確認すると、今はそこまで追って連絡していないと聞いて、父も生活保護にしぶしぶ了承。

すぐさま僕と妻の2人で、父の生活保護の申請を出しに行きました。

面談をし、ここまでの事情を説明します。

担当の方も親身になって聞いてくださり、「そういうことでしたら生活保護を進めていきましょう」と話が前に進んだのも束の間、あるポイントで話が止まってしまいました。


それは、父の住む実家です。


実家の土地は借地ではありますが、借地権に価値があるらしく、不動産屋さんに確認すると、なんと4000万円くらいで売れるのではということで、僕は度肝を抜かれました。

そりゃあ売れば4000万円になる家があるのなら、生活保護ではなく、どうぞお家を売ったお金で生活してくださいとなるのは至極当然な判断だと思います。

順調に進んでいた生活保護の流れは止まりましたが、家を売ってそんな額になるのなら、すぐにでも売りに出して、きちんとした生活が送れるように環境を整えるチャンスだとも思いました。

実家に戻り父に生活保護は申請できなかったことを伝え、実家を売ることで父自身もより快適に、かつ父の生活費で切迫している僕たち家族の家計も一気に楽になることを話しました。

すると父は、一切の迷いなくこう僕に告げます。

「この家を売るバカいねぇだろ」

……はい!?

何がショックかって、これ全部、父本人が招いた事態なんです。

収入が減ってきたのに、出費を全く下げられなかったこと。

老後のための貯蓄や準備が皆無だったこと。

なんなら最初から老後は子供たちに全ておんぶに抱っこになる気満々で、完全なる無計画性が招いた事態じゃないですか。


親父が家が大事だという気持ちは分かる。

ずっと育ってきて、たくさん働いて、守ってきたお家なのでしょう。

思い出がたくさんあるのはよく知っています。

できることなら最後の最後まで、思い出の地で生きていってほしいと思ってる。

でもさ、もはや家を売ることでしか、自らの無計画が招いた金銭崩壊の責任を取れないじゃないですか。

厳しいこと言えば、じゃあそんなに家を手放したくなかったのなら、ちゃんと準備しておけばよかったわけで。


とにかく父からすると、自らの資金管理不足で自分の息子を家計崩壊の危機に陥れていても、「自分の宝物である実家を手放すなんてマジでありえない」という認識であり、それはどんな伝え方をしてもこの先も揺るがない信念なのでした（マジでふざけんな）。


実家は僕にとっても大事な家です。

何年もここで育ちましたし、母との思い出もたくさん詰まっています。

でも、早く売らないとみんな道連れで困ってしまうこの現状。

当たり前ですが、父の名義であるこの家は、父本人が「売ります」と言わないと、売ることができません。

長男である僕がいくら訴えようが、父の生活費負担のためにいくら困っていようが、父の許可がなければ売れません。

僕は長い期間にわたって、あの手この手で実家を売却するように説得を試みましたが、父には全く聞き入れてもらえませんでした。


そんなイライラも限界だったときです。

不動産屋さんに寄ったタイミングで新事実が発覚することになります。

なんと父は固定資産税を数年払っていなかったために、実家を差し押さえられているとのことでした……。

そしてこのままいくと、実家は競売《けいばい》にかけられて強制的に売られてしまうと。

それを聞いたとき、家が差し押さえられるなんて最悪……、そんなことあるのかよと肩を落としましたが、すぐさま僕の頭は別のことを考えていました。

「国に強制的に売ってもらえれば、親父の許可がいらないのでは……？」

確認すると、もちろん通常に売るよりも（3割近く）価値は下がってしまうけれども、競売での売却においては、父の許可は必要ないとのことでした。

こうして今（2024年1月現在）、父の意思とは別に、競売での実家強制売却という形で進めております（その後どうなっていったかを知りたい方はYouTubeで続きを追っていただけると有難いです）。

父と僕、お互いが気持ちよくお金の問題を解決していければ一番よかったのでしょうが、さすがにここまでの状況に来てしまって、キレイに事をすますのが難しくなってしまいました。

みなさんはご自分が住んでいる一軒家、または賃貸の家の引き継ぎ方や終《しま》い方は考えておられるでしょうか。「家」で揉めることほど、厄介なことはないですよ……（実体験は強し）。

温かく笑いの絶えなかった家だったのに。

家族みんなで助け合って支え合っていた家だったのに。

今は家族崩壊の大原因となっている家ですよ。ホントそんなことあるのかよって感じですが……。

僕たちの失敗を糧に、少しでもみなさんがお家のことを考えるきっかけとなれれば幸いです。

……ほんとに、大切な家を家族が揉める原因にしやがって、まったく。

老後のお金、いくらあれば安心なのか

ここまで僕が経験したお金の面で大変だったことをお伝えしてきましたが、じゃあ結局、老後資金って一体いくら必要なのでしょうか。

少し前に世間を賑《にぎ》わした「老後2000万円問題」のように、本当に2000万円くらい必要なのでしょうか。

先に断っておきますと、僕は介護やお金のプロではないので、具体的な数値を出したいという方は専門書やネットでお調べください。

ここでは僕自身、父の介護経験を経た中で、実体験の体感としての老後資金論を独断と偏見でお伝えさせていただきたいと思います。

まず老後資金において、僕が一番に思うこと。

それは、

「老後いくら必要になるかなんて、全く分からない」

というものです。

元も子もないこと言うなと思われた方もいるかもしれません(笑)。

でも、父との介護生活を振り返って強く感じたことですが、親が奇想天外すぎると、本当に【今から1カ月後、どこでどういう生活をしているか分からない】という感じになります。

まさか急に入院するなんて。

まさか転院先で入院拒否されるなんて。

まさかこのタイミングで施設に入所するなんて。

この2~3年、父親が父親だけに、多くの介護の専門家と話し合いながら先のことを計画してきました。しかし、いつだって悪い意味で予想を大きく上回ってくる父です。

全くと言っていいほど、計画通りには進んでこられませんでした。

そして、ここから先も父がどうなっていくか分からない状況です。

自分さえよければいいという父の性格は、人との共同生活に向いておらず、そのせいで入った施設もいつ強制退所させられるか分かりません。

今はよくても、1カ月後に施設を出されていても全然おかしくないような人です。

プロでも予測が難しくハプニング続きの介護です。

父の老後資金。これまでも、そしてこれからも、いくら必要なのか分からなくないですか……?

僕の妻は保育士なのですが、僕が父の介護に苦戦している姿を見てよくこう言います。

「【保育】と【介護】って似てるってよく言われるんだよね。身の回りのお世話をして、コミュニケーション取って。でも決定的に違うのは、保育にはある程度終わりが分かるけど、介護はいつまで続くか分からないっていうところだよね」

これ、ホントにそうだなって思っていて。

子供は個人差があれど親の手を離れていく時期は何となく想像つきますが、親の介護の終わりとは「いつまで生きるか」になってきますから、余計に計画するのが難しいのだと思います。

そのため、先述した通り僕は老後資金がいくら必要かは分かりません。

でもだからこそ、しっかりとした準備が大切なのだと思います。

ここで言う準備というのも人それぞれだと思います。

まずそもそも自分の老後の準備なのか、それとも親の老後の準備なのか。

年齢は何歳なのか。今の収入や貯金はいくらで、既婚か未婚か、家族構成はどうで、これからどんな出費が考えられるか。

年金はいくらもらえそうか、介護保険料はちゃんと払ってるか（父は全く払っていなかったため、今もなお3割負担……）。

いくら必要かは、今の経済状況とどんな老後生活を希望するかで人によって全く違う額になるでしょう。

僕は今38歳ですが、まだ正直、数十年後の未来にどうなっていたいかなんて想像もできません。

だからこそ、僕が考える【老後資金いくら必要なのか問題】の答えは次の通りです。

収入の一部を貯蓄や投資に回す↓介護が始まったら、そのときの年金収入や貯蓄状況を鑑《かんが》みて、自分の暮らしぶりを調整していく。

これかなと思っています（意見があればYouTubeのコメント欄にどうぞ（笑））。

もちろん老後資金なんて、あればあるだけ選択肢も広がるし、より快適な生活ができるかもしれません。しかし、老後を意識しすぎて一番大切な〝今このとき〟を蔑《ないがし》ろにもしたくありませんよね（人はいつ死ぬか分からないのに）。

今この瞬間はよく働きよく遊ぶ。

収入の一部は未来の自分のために確保しておく。

そして自分が年を重ねたときに、それまで準備したお金で環境に適応して生きる。

どんな環境でも楽しく生きていける人は強いですよね。

幸か不幸か僕は父のおかげで、金銭的に豊かだった時期も貧しかった時期も両方経験させてもらいました。

僕は意外とお金がスッカラカンだった時代も楽しかったんですよ。

どうやってその日1日の空腹を満たしていくか工夫したり（ひと口食べたパンを飲み込まず、噛み続けることで満腹中枢を満たしたり）、友人や先輩からたくさん助けてもらったり。

そのときあるお金で、そのときある環境で、いかに自分らしく楽しく生きていけるかどうかは、そこまで培った自分の人生の経験値や考え方次第だと思います。
だからこそ金銭的な準備と、人生の中で起こる経験（嬉しいことも辛いことも含めて）をたくさん体感しておくこと。この2つが老後資金および老後の生活を考えるうえで重要なのではないかと、父とのドタバタを通じて考えるに至りました。

人生、いつどこで何が起こるか分かりません。だからこそ人生って面白いとも思うわけですが、どうせ一度きりの人生じゃないですか。
今か未来か、ではなく、今も未来も楽しめる自分でありたいなぁと心から思います。

あなたは今を
そしてこれからを
どう生きますか？

第 4 章

父との大論争を経て思う「家族の在り方」

そもそも「いい家族」とは一体何か

僕たち家族は母の死後、父の介護やお金の問題を通して揉めに揉めました。もともと仲のよかった家族が、自分の正当性を主張し、時に相手を非難するという現実はなかなか受け入れ難い事態でした。

「まさか僕たち家族が……、なんでこんなことになってしまったのだろう」

家族の緊急事態にもかかわらず、まるで一致団結とはほど遠い現状に、焦りは不安となり、不安は徐々に怒りへと変わっていくのでした。

そんな険悪な状態が続く僕たちですが、ふとこんなことを思い出すこともあります。


それは僕が小学校低学年だったときの話です。

近くの児童館で遊んでいた僕は、そこでカツアゲをされたことがあります。

相手は大学生のお兄ちゃんでした。


「おい君、500円持ってる?」

「え……、あるけど……」

「俺にそれちょうだいよ」


大学生と言えど、小学生からすれば体も大きい大の大人です。

僕は怖くて怖くて、何の迷いもなくその大学生に500円玉を渡しました。

「おう、サンキューな～」

と言ってその場を立ち去る大学生の背中を見て、何とも言えない悔しさが込み上げてきました。

カツアゲされる自分の非力さ。

少しの反抗すらできなかった情けなさ。

そして何より、「ははは」と愛想笑いをすることで悔しさを誤魔化していた自分の意気地《いくじ》のなさに、ショックで涙が止まりませんでした。


失意の中で家に帰ってきて、泣いていることが誰にもバレないように、僕は真っ先にトイレに向かいました。

そこで涙が収まるように何度も深呼吸をして、なんなら笑顔の練習もして（カツアゲされて泣いているなんて自分のプライドが許さなかったのですね）、やっと落ち着いたというタイミングでトイレから出ると、そこには母親が待っていました。

「のぼちゃん、何かあったのよね。大変だったたね」

理由も聞かずに抱きしめてくれました。

そんな対応をされたものだから、我慢していた涙が止まらず、そのまま今日あったことを全部話してしまいました。

児童館で大学生にカツアゲされたこと。

怖くて何も言い返せなかったこと。

カッコ悪いから周りの大人や友達に言えなかったこと。

うんうん、と温かく聞いてくれる母の優しさにまた涙がこみ上げてくる中、家の奥の方でガザガサと音が聞こえます。

外出する準備をしていた姉でした。

当時高校生だった姉が、僕と母のもとにやってくるなりひと言。

「あの児童館でいいんだよね？　取り返してくるわ」

姉は僕が泣きながら話している内容を聞いていたのでしょう。

姉ちゃんカッコいいと思ったけど、目つきがめちゃくちゃキレてて、姉ちゃん怖い……の方が強かったのを覚えています。

しばらくして、帰ってきた姉が「はい、のぼちゃん、これ」と言って渡してくれた500円玉。

実際に大学生から奪い返してきたかは定かではありません（もうきっと児童館にはいなかっただろうし）。でも、すごく嬉しかったです。500円が返ってきたことが嬉しかったのではありません。

大切な家族が自分のために行動してくれたことそのものが、すごくすごく嬉しかったのです。


いい家族とは、一体何なのでしょうか。

その定義は僕には分かりません。

そもそも自分たちがいい家族だとは思っていないからです。

ただ今のこの険悪な時期だけを見て、僕たちが「悪い家族」だとも思いません。家族関係というのは過去と未来の点をただ単に線で繋いだものではなく、いい時期も悪い時期もあって、上に行ったり下に行ったりする波線のようなものかもしれません。

介護には正解がないとよく言いますが、その言葉はある意味、「家族関係に答えがない」からこそ言われる言葉なんじゃないかなと思ったりします。

この章では、僕の様々な経験から〝家族の正解〟をお伝えするのではなく、そもそも家族ですら分かり合えないこともあるのを前提に、僕がどう介護と向き合ってきたかを正直にお伝えさせていただきたいと思います。

「こうあるべき」が介護を苦しくする

僕は自分たちの介護をYouTubeで発信しています。嘘偽りのない、ありのままの僕と父の姿は有難いことに多くの方へと届き、開始から3年で様々な反響をいただけるようになりました。

ただ何度もお伝えしているように、「正解がない」と言われる介護についての発信です。

応援と批判のコメントが入り混じるような、非常に賛否分かれるようなチャンネルになっています。

日本は今、少子化・高齢化が加速しており、介護をしなければいけない若者がこれからも明らかに増えていきます。そのためYouTubeの発信当初から「介護のリアル」をお伝えしたいという想いがあり、〝ありのままの介護〟を意識してきました。

親の介護をするにあたって、キレイな部分、いい面だけを発信しても、それで救われる人はいるかもしれない。

でも、いいところも悪いところも含めて、介護における全てを晒け出すからこそ、似たような境遇の方や、これから介護を始められる方を勇気付けられたり、もう既に介護を終えた方、現在介護中だけど落ち着いてきた方も含め、何かしらの気付きを与えられるのではないかと考えました。

そういう理由から介護のリアルにこだわってお伝えしています。

でもだからこそ視聴者の中には、ただのご批判に留まらず、僕や僕の家族に対する誹謗《ひぼう》中傷、さらに酷いものは脅しや脅迫するような言葉さえ投げられることも少なくありません。

「なぜ自分のアドバイスを聞かないのか」
「私がこんなにも教えてあげてるのに」
「のぼるの家を特定したから今から説教しに行きます」
「この人の介護は間違っています」
「所詮ただのYouTuberなのですね」

軽いものでもこういう声が実際にあります（これで軽いという事実……）。
僕が思っていることをせっかくなので正直に言います。

「うるせぇ、黙って観てろ。嫌なら観るな」

僕の反論もまるで子供みたいですね（笑）。

でも本当にその程度にしか思っていません。その方たちが何だかんだ言いながらも動画を観てくれているなら、その分YouTube側から広告収益という形でお金も入ってきますし、その入ってきたお金が父の介護資金に回せるという好循環すら生んでいます。

もちろん最初は「そんなこと言われるの嫌だなぁ」「なんでわざわざそんな酷いこと言うの?」と落ち込んだこともありましたが、今となってはむしろ金銭面でも助かっていて感謝しているくらいです(人間の慣れってすごいです)。

「人生って何がどう転ぶか分からないなぁ」

ご批判から学ぶことになるなんて、ほんと人生って何が起きるか分かりません。

そうした経緯もあり、僕は普通に介護されている方の何十倍も「介護とはこうあるべき」「親子とはこうあるべき」という価値観を押し付けられてきました。

僕自身も最初はいろんな方のご意見を聞きすぎて、「もっと親父に対しての口調を直した方がいいのかな」「介護プランが全然間違っているって言われてるし、見直した方がいいのかな」と、悩んだこともあります。

要は「人の目が気になる」ってことですね。

自分でYouTubeで発信しておいて人の目が気になるだなんて何言ってんの？　と思われる方もいらっしゃるかもしれませんが、人気のYouTuberさんの多くは、人の気持ちを深く読み取る能力に長《た》けてる人が多いです。視聴者がその動画を観てどう感じ、どう思っているのかを捉える能力、僕で言えばＨＳＰ（感受性が強く、人一倍繊細な気質を持って生まれた人）だからこそ余計に人の目が気になりました（だからこそ動画を伸ばせるとも言えるのですがここでは割愛）。

みなさんは恐らくご自身の介護を他者に向けて発信されていないかと思いますから、人から「あなたの介護は間違っている」「家族関係を見直すべき」なんて言われたことは少ないと思います。

ただ、普段考えている思い込みの部分ではどうでしょうか。

ここまで生きてきた中で、たくさんの情報や経験に触れ、介護とはこうあるべき、親子とはこうあるべきという、自分ではなく、他の誰かが作り出した「本来あるべき姿」に意識を取られすぎてはいないでしょうか。

これまで多くの声に振り回されてきた僕だからこそ今思うのは、「もっと柔軟でいいのではないか」ということです。

〝これは絶対こう〟という世間の常識や己の信念が強すぎる人はトラブルを起こしやすいと思います。

特に僕の父の場合、一般論とはかけ離れているものの自身の考え方は何が何でも絶対に曲げません。そんな父は危機的なトラブルをたびたび引き起こしてきました。もし父を支えるこちら側も、父と同じように固定観念が強すぎてしまったら介護は何も進みません。

自分が優しくなって父の考え方に全てを合わせていくというわけでは決してありませんよ。

僕は自分にできることとできないことをきちんと分け、ケアマネさんや介護関係者などプロの方々の意見を聞いたうえで、自分たちなりの最適解を柔軟に探していくようにしました。

もしかしたら常識とはかけ離れた対応もしてきたかもしれません（父親を路上に捨てていこうとするのだけは絶対に真似しないでください）。

でも常識や世間の目を気にしなくなった途端、介護が楽になりました。

きっとそれまでは僕自身が世間の常識に縛られていたのだと思います。

今この瞬間も介護に悩まれている方は日本中に多くいます。

「こうしなければならない」という思い込み、固定観念を少しずつでも外していけると心は楽になります。

我が家のトンデモ介護話が、「あ、こんなに適当でもいいんだ」「こんなゆるい考え方でも何とかなるのね」と、あなたの固定観念を少しでも取り除く手助けになれれば幸いです。

100人いれば100通りの介護がある

人の目や、こうあるべしという固定観念が介護を苦しくすると述べてきましたが、そんなことを言っている僕にも大事にしている価値観があります。

それは、「介護のやり方、親との向き合い方なんて、100人いれば100通り」という考え方です。

僕の専門は何十年も取り組んできたサッカーです。人生のほとんどをこのスポーツに注ぎ込んできました。

サッカーの練習現場ではよく、「同じシーンは二度とやってこない」と言われます。ピッチに出ている11人と相手の11人の組み合わせ、立っている位置、気温、気候、選手たちのコンディション、その他挙げればキリがありませんが、全てが全く同じ状況というのは作り出せない、という意味でこの言葉は使われます。

だからこそ練習のときからどんな状況にでも対応できる能力を鍛えておくのですが、親の介護もこれに近い感覚が僕にはあります。

あなたの介護状況はどんな感じでしょうか？

父親の介護ですか？　母親の介護ですか？

それとも両親2人とも介護でしょうか？

親が持っている貯金や資産はいくらで、親の性格はどんなですか？

親を支える側は何人兄弟でそれぞれ既婚・未婚どちらですか、どんな仕事をしていて、どこに住んでいて、今いくら持っていて、時間はどれくらい作ることができて、子供は今何歳で何人いて……。

今の自らの家庭状況を表そうとすれば無数に項目と組み合わせがあることが分かります。

介護状況が「似ている」ことはあるかもしれませんが、親の介護においても「全てが全く同じ状況」ということはほとんどありえないと思います。

もちろんその中で、大まかに「こういう状況ならこうするといい」「ここに困っているならこういう策がありますよ」といった、過去の膨大な介護経験に基づいたアドバイスには意味があって、大きくは解決の方向に向かう貴重なものだとも思います。

ですが、先ほども言った通り、細部においては人それぞれ家族の在り方や価値観も全然違いますから、細かい部分まで考えると全く同じケースは存在しないと思っています。

介護の専門家の方々のアドバイスを全部聞いてきたのに、うまくいかないことってありませんか？　僕はたくさんあります。

もちろん専門家の方々が悪いなんて思ったことは一度もないです。

過去の事例の中から、いい方向に行った施策を僕らにアドバイスしてくれているのです。それがたまたま僕の父が特殊すぎて当てはまらなかっただけで、助かったことの方が実際たくさんあります。

でもやはり、人の数だけ対応するパターンが違いますから、言われたアドバイスが120%うまくいくものでもないとも思っています。

そんなときに、プロに頼りきりの人はこう思ってしまうかもしれません。

「私は○○さん（プロ）の言う通りにしただけなのに、なんでうまくいかないの」と。

そんなふうに思ってしまっては、せっかく状況を改善しようとしてくれている方に悪いですし、何より自分を追い込んでいってしまうのではないでしょうか。

そんなことがあるからこそ、僕は「自分たちなりの介護」という考え方も頭の片隅に入れておいてほしいと思います。

100人いたら100通り、1000人いたら1000通りの介護があるのだと知っておくことで、トラブルがあったときに、より柔軟に考えやすくなります。

介護でなかなかうまくいかないときも、誰かのせいにして嘆くだけでなく、「じゃあこの方法はどうだろう」「次はこのやり方だったらうまくいくかな」と、自分たちの家族状況に合った介護方法を探せる癖がつきます。

多少泥臭くってもいいじゃないですか。仮にうまくいかなくても全く恥ずかしいことではないです。別に誰も見てないですし（僕は見られてるけど）、全然うまくやる必要はありません。

何をやってもうまくいかない時期なんて、介護だけでなく、人生の中には必ずあるのですから。

もっと気楽に、いい意味で適当に、ダメな自分すら自分で認めてあげられるように親の介護を進めていけるといいと思います。

また、「周りの人とどう関わっていくか」は自分たちなりの介護を進めていくにあたってとても重要だと思います。

人間は1人では生きていけません。

多くの人との人間関係の中で人は生きています。そんなことを言うと「いいや、私は1人で生きていける」と言うひねくれ者が現れます。

……父です（笑）。

「俺はもう足腰も悪くて全然外に出なくなったから、人と関わることなんてない！」

たしかに外出しなければ人と会う回数は極端に減るでしょう。

でもそんな父でも、人がいなければ生きていけません。

まずそもそも僕が来なければ実家はぼろぼろのゴミ屋敷になっていたでしょうし、父が緊急入院の際、救急車を呼んでくれたのはたまたまその日、宅食弁当を届けてくれた宅食の弁当業者の方です。異変に気付き、救急隊に連絡してくれた彼がいなければ、今頃父は生きてなかったかもしれません。

そしてヘルパーさん、ケアマネさんとはずっと関わり続けます。お父さんが困ったときにすぐ電話して呼び出していた警察官や救急隊員の方々もそうです。普段意識していないからこそ忘れがちですが、人は人と支え合って生きています。

これは介護を受けている父だけに限った話ではなくて、父を支えている僕たちの側にも言えることですね。

大変なことの方が圧倒的に多い親の介護において、少しでも大変さを心地よいものに変えるポイントは、この「他者とどう関わるか」だと思っています。

ここまで父との介護生活は3年にもなりますが、決してうまくいった3年間ではないものの、行く先々の施設関係者から「失礼ですけど、よくこのお父さんをお1人でしっかりと支えてこれましたね」と、大絶賛をいただいています。それだけ大変な父とここまで何とかやってこられたのは、もちろん僕だけの力ではありません。

感謝してもしきれない周りの方々のおかげです。

他者との関わり方については、僕なりの考えをお伝えさせてください。

親しき仲にも礼儀は「ありまくり」

僕は過去の人生を振り返っても要所要所で人に支えてもらいながら、何とか生きてこられた人間です。

「もしあのとき、あの人がいなかったら」というシーンがいくつも思い出されます。

大学卒業後、プロ選手になる夢を諦められず途方に暮れた僕のために練習環境と一時的な就職先を紹介してくれた浜崎さん。

やっとの想いで海外でプロ契約できそうになったときに、ライセンスのトラブルで契約破談になりそうだった危機を日本サッカー協会（ＪＦＡ）に直訴し、取りまとめてくれた松永さん。

挙げればキリがないほどに、人生の恩人と言える人が僕にはいます。

父の介護が始まって、目の前が真っ暗になることは何度もありましたが、そのたび救いの手を差し伸べてくれる人が現れて、僕は今こうして何とかやってこれています。

先ほども述べた通り、人生とは人と人とが助け合って成り立っているものだと思いますし、それは介護も同じだと思います。

本当にピンチのとき、もうどうしたらいいのか分からないような絶体絶命のときに、誰かに助けてもらえるかどうかは正直、運やタイミングもあるでしょう。

でも、これは本音の本音の話になるので、あまり言いたくはなかったのですが、助けてもらいやすい人にはいくつかの条件があると思っています。

ぶっちゃけ、どんな善人でも人間なわけですから、困っている人全員を助けられるわけではありません。自分の手の届く範囲の人で、助けたい人を助けるのが、リアルな助ける側の気持ちではないでしょうか。

聞く人によっては「人に助けてもらうコツ」だなんて、いやらしく聞こえるかもしれません。お気持ちは重々分かります。

気分を害していたらすみません。

でも僕は思うのです。

どうせ何をしても大変すぎる介護にわざわざ取り組むのですから、少しでもご自身が周りの方と助け合える関係にしておく取り組みは、自分の身を守る手段として有効であると。

人に助けられてここまで生きてきた、ある意味助けられるプロ（なんかすみません）の僕が、困ったときに人に助けられ、支えてもらいやすい人のコツをいくつかお伝えしたいと思います。

まず初めにご紹介するのは、大前提にして最重要な考え方で在り方の部分なのですが、「普段から人を助ける自分でいる」ことです。

別に普段から人に恩を売っておけ、とか、いつか助けてもらうために今は意図的に周りを助けておく、のような打算的なことを言いたいわけではありません。

ご自身の身の回りにも、職場やご近所で何だか助けたくなってしまう人、1人や2人いると思います。

その人はどういう人でしょうか？

前向きだったり、何かに一生懸命であったり、素直な方かもしれません。

僕の周りにいる「助けてあげたくなる人」で言えば、特徴をひと言で言うと〝愛〟を感じる人です。

愛で溢れている人。

見返りなんて全く気にしていない人。

相手が喜んでくれればそれでよくて、自分は相手の笑顔が見られて嬉しい、みたいな人です。

残念ながら僕はそこまでの善人にはなれませんので（悲しい……）、誰にでも愛を持って接することはできませんが、家族や身近な友人、心から気が合う人にだけある程度範囲を絞れば、愛情を持って接することはできます。

わざわざ本人たちにこんな話をしているわけではありませんが（重くなっても嫌なので）、大切にしたい人たちに、もしもの事態が起きれば僕は「その人や、その人の大切な家族」も含めて、全力で守ろうと決めています。

普段はふざけて笑い合っているような友人関係でも、僕は僕なりの覚悟があります。

これは僕の価値観ですから、そんなふうにまで思わなくとも、普段から少しでも人を助ける意識を持ってみてください。

落ち込んでいる人がいればゆっくり話を聞いてあげましょう。

泣きそうな人がいれば側にいてあげましょう。特別なアドバイスなんて必要ありません。ただ心に寄り添ってあげるだけで救われる人、たくさんいます。

もし仮に、与えたことが何も返ってこなくてもいいいじゃないですか。

自分も相手も心がゆるくなって心地よい時間を過ごせるはずです。

でもそんな心が喜ぶ時間を過ごしていると、結果的にピンチのときに助けてくれる人が現れたりしますよ、不思議なもので。自分の与えた優しさが、回り回っていつか自分を助けてくれるのだと思います。根拠はありません。僕が何度も経験してきただけです。

ぜひ隣の人に優しくする気持ちを忘れないでください。


もう1つ、本当にシンプルなのですが、「ありがとう」と「ごめんね」をしっかり心から伝えることが大事です。

こんなことは、子供のときから言われるようなことかもしれませんが、まさに僕の父はこのふた言が言えません。

僕が注意すれば言葉にするという意味で発することはできます。

でもそこには全く心が込もっていません。

とりあえず「ありがとう」と言えばのぼるは頼みを聞いてくれるんだろ？
とりあえず「ごめんね」と言えばのぼるは許してくれるんだろ？

そんな打算的な感謝と謝罪を受けて、言われた相手がどう思うのか想像できないのかな!?　という感じなのですが……。

しかし、いろんな人に話を聞くと、「ありがとう」「ごめんね」を言えない人が意外と多いようです。

父が接する機会の多い介護職の方や看護職の方だって、その道のプロフェッショナルと言えど、その前に1人の人間です。

人には心があり、感情があります。

心から「ありがとう」と言える人と、それはあなたの仕事なんだからあなたが手伝うのは当たり前と思っている人がいたら、どちらと接したいと思いますか？

仕事なんだから、そもそも優劣をつけるなと仰る方もいると思います。

ですがプロと言えど人です。

機械ではありません。

「ありがとう」と言う機会は日々たくさんあります。人は支え合って生きているのですから。

「ごめんね」と言う機会だってたくさんありますよね。人は助け合って生きているのですから。

僕はこの心遣いを母から教わりました（なぜ一番側にいた父はできていないのか……）。その教えは父の介護においても、これまでいろんなことを臨機応変に対応していただけているきっかけとなっています。

ちなみに人の脳は、「自分が他者に対して何かをしてあげたこと」はずっと覚えていて、「自分が他者から何かをしてもらったこと」はしばらくすると忘れてしまうようにできているそうです。

だからこそ、その脳の仕組みを逆手に取って、「自分が人にしてあげたことはすぐ忘れる」「自分が人から受け取った愛情はずっと忘れない」という意識で過ごすだけでも、自分はホントに助けてもらってばっかりの人生だな〜なんて気持ちで、生きることができます。

普段から人を助ける。

「ありがとう」と「ごめんね」を伝える。

こんな簡単なことですが、日々の忙しさや大変さに追われ、ついつい見逃してしまう人もいるのではないでしょうか。

いつだって大事なことは、このくらいシンプルだったりします。

親の介護を通じて、人を助け、人に助けられる人が増えたのなら、これからの高齢化社会も全く別の世界になっていくのでは？　なんて、綺麗事と言われようが、思ったりするんですけどねぇ。

何でもない日常をいかに大切に生きるか

僕が19歳の年に母は亡くなりました。

まだ50代半ばで、人生これからというタイミングでした。

もう亡くなって20年近く経ちますが、今、母を思い出そうとすると、大きすぎる愛情をもらったことは感覚として漠然と覚えているのですが、母の細かな表情であったり、声のトーンや、かけてくれた言葉は、僕の記憶もかなり断片的になってきています。

記憶は薄まっていきますが、いつも穏やかだった母がある日めちゃくちゃ怒ったこととか、母のウッカリでみんなで泣いて笑ったことなど、今もよく覚えていることと言えば、インパクトの強い事柄ばかりです。

それはなぜかと考えたときに、当時の僕が「母のいる日常が当たり前」と考えていたからではないかと気付きました。

朝一緒に起きて、一緒にご飯食べて、毎日「いってらっしゃい」「おかえり」と言ってくれて、一緒に夕飯食べながらその日あったことを話して、寝る。

母親がそこにいるのが当たり前すぎて、毎日を当然の日常と思って過ごしていたのだと思います。

しかし、大切な人ほど失って初めて気付くのですね。どんなに貴重な存在であったかを。

母はいつだって愛情深く、僕たちにとって大切な存在であるということは子供ながらよく理解しているつもりでした。

でも実際にいなくなると、自分の想像を大きく超えるほどに心にポッカリ穴が空いてしまいました。

僕らが思っていた母は、想像より遥かにもっともっと大切な存在で、そんな大切な母と過ごす1日1日は奇跡のような毎日であったことに、いなくなって初めて気付くのでした。

当たり前の日常を、多くの方が当たり前に過ごしています。

昨日まで当たり前だった日常が、今日も当たり前の日常として当たり前にあるのだから、きっと明日もその先もずっと、同じような日常は在り続ける……そんな錯覚を起こしています。

でも、実際はそうじゃない。

人生、いつ何が起こるか分かりません。

事故が起こるかもしれない、急に体調を崩すことだってある、自然災害も戦争リスクだって、このご時世ゼロではありません。


大切な母を失って今思うのは、「日常にこそ全てがある」ということです。

そんな日常は意識しなければあっという間に通り過ぎていってしまいます。

でも、自分で気付こうとする気持ちさえあれば、日々生きる毎日にこそ、感謝や喜び、楽しさや成長など多くの事柄があることに気付けます。


1日を振り返って「今日は何もなかったなぁ」と言う人には、本当に何もなかったのでしょうか。


ひと言だけど、嬉しい言葉をかけてくれた人がいた。

空が綺麗だった。

風が気持ちよかった。

あんなところに花が咲いていた。

意識さえあればいろんなことに気付くことができます。

小さな変化や、感謝できることに、ほんの少しでも焦点を変えれば見えてきます。目には映っていても本当の意味で見えてないことはたくさんあるのですね。

そんなふうに考えるようになると、父の介護で携わってくれる人たちとのご縁を深く感じられるようになってきました。

父の担当になってくれたヘルパーさん、ケアマネさん、看護師さん。

「本当にいつも父の面倒を見ていただき、ありがとうございます」と、心の底から思えるようになります。

その想いが、自然と声を通してそのまま言葉として伝えられる。

そんな感じです。

父は問題児すぎて正直大変ですが、父を支える周りのメンバーが一致団結していい関係を築けてこられたのも、日々を大切に生きてきた結果だと思います。

いつ死ぬか分からないから「今、自分のやりたいように自由に過ごす」のではなく、いつ死ぬか分からないからこそ、「毎日を感謝して過ごす」べきと、大切な母の死から学びました。

家族とどう向き合っていくかは人それぞれだと思います。

その際、「死」を避けて考えるのではなく、死を考えることで見えてくる「どう生きるか」を忘れないこと。

介護においても、人生においても、何かしらの参考になればと思います。

家族とは分かり合えなくて当たり前

家族と、ほどよい距離感が保てるのなら、それが一番よさそうですよね。

1人1人がしっかりと自立していて、普段はお互いを干渉しないけど、困ったことがあれば助け合う。ちょうどいい距離感、本当に羨ましいです。

うちで言えば父は僕におんぶに抱っこ状態で、さすがに重すぎるから姉弟に父を投げようとしてもみんな避けてしまうので、結局僕がおんぶし直す……のような感じでして、家族とほどよい距離感も何も、全然なくなっちゃいました。

でもこれは父だけが悪いのではありません。

父のおんぶを何も考えず引き受けてしまった僕にも問題があったと思います。「家族なんだから、困っているなら助けてあげるのが当然！」という僕の固定観念があったからこそ、父を1人で見る現実は相当厳しいと知っていながらも、何とかなると無理に引き受けてしまいました。

その点、姉弟は、自分にできる範囲なら助ける、自分たちにできる範囲を大きく超えそうな場合は手伝えないという、自分や自分たちの家族を守るための明確なルールがありました。

「それじゃあ誰も父親を助けないと言った場合、父はどうするの？　それはあまりにもかわいそうではないか……」

僕は今も何が正解か分かりません。

そりゃあ、せっかくなら父には快く老後生活を送ってもらいたいという理想と、何の準備もしてこなかったくせに今さらワガママばかりを言う負担の大きい父のサポートをするなんて無理に決まっているという現実の中で、僕は揺れました。

迷いに迷った結果、僕はリスクが大きくても父を助ける方を選びます。

そして案の定、介護沼にハマっていくわけですが、今考えてもどちらを選んでいても間違いではなかったと思います（どちらも正解ではなさそうですが）。

100人いれば100通りの介護がある中で、本当に正しい答えなんて全然誰も分からないのですから、迷った先に選んだ道を、いつかあの道を選んだ自分は正解だったと言えるような日々に変えられるように、毎日を一生懸命に過ごしていくだけなのではないでしょうか。

家族と言えども1人の人間です。

日本にいる数千万世帯のうちの一家庭である僕らですら、家族1人1人全然違う価値観を持っているのですから、そもそも「分かり合おう」とすること自体、無理難題なのかもしれません。

長く一緒にいたから、感覚が合う部分はあると思います。でも、合わない部分だって当然たくさんあるのです。

そもそもの考え方や価値観が一緒であるはずがないのに、「家族だから」という理由だけで、「困ってるんだから助けよう」と、家族の価値観は一緒であるべきと思い込んでいたのは実は僕自身だったのかもしれません。考え方や価値観は人の数だけあっていいはずなのに。

家族が一緒の価値観であろうとすればするほど、逆に関係はズレていくという、切ないですが、そういう部分も事実かと思います。

介護に正解はありません。

「家族はみんな分かり合えるはず」という、僕が陥った価値観は一旦捨てて、「そもそも家族ですら分かり合えなくて当然。家族と言えども1人の人間なのだから」と捉える。

ポジティブにもネガティブにも偏らず、家族関係ってそのくらいのものよね程度にゆるく捉えておくと、重すぎず軽すぎず、ドライすぎず近すぎず、ほどよい距離感を保てるのでは？　と、今は思ったりします。

もっと早く気付きたかったなぁ（本音）。

感じた思いを溜め込んではいけない

ここまで僕なりの父や家族との付き合い方をお伝えしてきました。
こうやって言葉にすれば、周りの人とのコミュニケーション方法や、困った親を持った場合の対策というのはいくつかあると思います。

とは言え……、とは言えですよ！

いくら方法や対策があっても、正直に言って現実はかなり厳しいです。

何度かお伝えしている通り、全て同じ状況はないので、僕がうまくいった方法だからと言って、家庭環境や状況が違えばその方法がうまくいかないことだってあります。

だからこそ、大変な親を介護する場合、試行錯誤することは避けられませんし、なかなか解決に近づくことができずに、イライラすることだってあるでしょう。

働き盛りや子育て等で忙しい中、親の介護が始まったりしたら、ストレスもMAXになると思います（お察しします）。

しかし、そんなどん底にいるような気分のときでさえ、自分の心を前向きに保つ方法を僕は介護を通じて学ぶことができました。

それは、「アウトプット」することです。

自分の心の内側にある想いを外に吐き出す、そんなイメージでしょうか。

僕は現在38歳ですが、僕の身の回りにいる友人たちはまだ親の介護が始まっていません。そのため、友人たちに父親の介護で大変なことを伝えても、もちろん心配してくれるし話も聞いてくれるのだけど、僕もこういう性格で（HSP気味）、「よく分からない分野の話を長く引っ張っても友人に悪いしな……」と考えてしまい、なかなか深い話までできませんでした。

辛い思いを人に言えない。
しかし日々、父が起こす問題は増え続けている。
僕はストレスを溜め込んでしまい、疲弊していました。

「このままではダメだ」

自分の心に黄色信号が点《とも》っているのを感じ、いろいろと調べた結果、介護者たちが集まって相談し合ったりできる環境があったり、その場に行かなくてもインターネット上で似たような状況の介護コミュニティなどがあることを知りました。

ただ、何と表現したらいいか難しいのですが、僕はそういう場が苦手なんです。

得意な方には最高の環境だろうと思います。

でも仮に僕がその場に参加したら、全体のバランスを見て1：9くらいの割合で聞き役に回ってしまうだろうと。

そんな気を遣う場所ではないんですよ、と言われても、気を遣ってしまう性格なのでこればっかりはどうしようもできません。

「僕なんかより大変な人がいるんだ、自分も頑張ろう」とは思えるかもしれませんが、僕は当時、純粋に想いをただただ伝えたかっただけなんです。

迷った挙句、1つの結論に辿り着きました。


「YouTubeだ！」と。


YouTubeは動画のSNSです。

文字で想いを表現したければX（旧・Twitter）でもいいですし、Instagramでもいいと思います。僕は怒りや悲しみ、喜び、笑いなど「感情」を最もダイレクトに伝えやすいのは動画かなと考えてYouTubeというプラットフォームを選びました。

結果から言いますと、YouTubeで介護のことを発信したのは大正解でした。

もちろん発信する前とあとで、大変さ自体は全く変わりません。大変さは変わらないけど、心のストレスはかなり軽減されたと思います。

まず想いをストレートに表すだけでも、溜め込まれていた想いの発散となり、すごく効果的だと思いましたが、YouTube発信には「視聴者に届ける」という意識も発生します。

動画発信を続けていると視聴者さんから少しずつコメントを書いてもらえるようになりますし、画面の向こう側には視聴者さんがいることを体感として知ります。そうすると、ただストレートに想いを伝えただけでは相手に伝わりづらいこともあると分かります。

だからこそ、視聴者さんにもこの想いや現状をより分かりやすく伝えたいという意識が生まれてくるのです。

自分の介護で起こった最悪の出来事をどの順序でどういう言い回しで伝えれば、分かりやすいかなぁと考えて喋るようになります。それを続けていると、思いもよらなかったことを得ていることに気付きました。

視聴者さんに分かりやすく伝えたい↓自分の頭の中を言語化して発信↓頭が自然と整理される

このように、あれだけ漠然と嫌だった親の介護が自分はなぜ嫌だったのか、どういうところが辛いと感じていたのかを整理することが、自然とできるようになっていました。

1人で抱えて辛く悩んでいた頃は、具体的に何が大変でどこが嫌だったのか、自分で理解しているようで全然理解できていなかったのだと思います。

ただ漠然と、「親がヤバくて辛い……」「またこんな問題起こして最悪……」と思っているだけでは、根本的な解決に辿り着くのは難しいです。

それを言語化して他人に伝えるという行為は、ストレス発散と問題への理解を深めるという2点において、大活躍してくれる行為だと思います。

知り合いの中で介護の話がきちんと伝わる方がいたり、コミュニティに属するのが得意な方は、どんどんそういう場を利用して人に伝えるといいと思います。人にどんどん話すことで自分の頭や感情を整理させられるでしょう。

YouTubeで自分の苦労を話すという手段は一般的ではないと言えばそうですよね。

僕の場合は顔も出しているし、特殊な例かもしれません。

でも、YouTubeでなくても、今の時代SNSはたくさんあります。ブログも文章をとめどなく書き殴れるからいいですよね。

僕が小さい頃にはなかった時代の進化だと思います。少なくとも僕はYouTubeにおいての発信活動で心が救われました。

みなさんもぜひやってみてください！

……とまでは言いませんが、何かしらの「アウトプット」活動は親との付き合い方を客観視するには最高の方法だと思います。

有効に活用するのはお勧めです。

SNS、親友、友人、家族、コミュニティ。

周りに今の気持ちを、今の想いを伝えてみてください。そして絶対に1人で抱え込まないようにしてください。

あなたが思っている以上に、仲間はたくさんいますし、あなたが思っている以上に、戦っているのは1人ではないことを知ってほしいと思います。

第5章

準備を始めないと ヤバい時代がもう来てる

老後の準備について親に聞きにくい問題

この章では、いつか来る親の介護において、心構えや考え方、具体的な準備についてお伝えします。

全く準備してこなかったがために失敗しまくってきた僕だからこそ痛感したポイントを分かりやすくお伝えできればと思います。

時代はいつだって移り変わります。

日本の65歳以上（高齢者）の割合は、1950年には全体のわずか5％でしたが、僕が生まれた1985年頃には全体の10％に上昇、それが2005年には20％を超え、直近2023年には29・1％と過去最高を更新しました。

この推移はこの先も上昇が続くことが予想され、第2次ベビーブーム（1971〜1974年）に生まれた世代が65歳以上になる2040年にはなんと34・8％……、2045年には全体の36・3％が高齢者になると見込まれています（総務省「統計からみた我が国の高齢者」を参照）。

世界的に見ても、この日本の高齢者率はトップクラスで、日本の高齢化社会への取り組みは逆に「高齢者が多い日本はどう対応するのか」と世界から注目されているそうです。

もちろん、少子化・高齢化という大きすぎる問題に対する解決策なんて、ただのいち介護者である僕には全く分かりません（笑）。

でも僕は、これまで親の介護で苦しんできたからこそ、この社会問題がこの先どうなっていくのかをとても注目しています。

近年、急激な進化を遂げているテクノロジーの分野がどのようにして介護問題を救っていくのか、すごくワクワクする話ですよね。

国が取り組んでいる様々な施策が介護問題をいい方向に導いてくれることを願うばかりですが、いつ来るかも分からない便利な未来に期待をしすぎて、今からできる準備を怠るのは少し違うと思います。

少子化・高齢化が加速していくのは確実で、時代がいくら進化しようとも今より介護が大変になってしまう未来だって、十二分に可能性はあるでしょう。

僕が父の金銭感覚に違和感を覚えていたのにまぁ何とかなるかと放置した結果、酷いことになったのは既に述べました。

やはり今準備できることは今から準備しておくに越したことはないと思います。

「親の老後をどのように生きてもらうのか」

未来のプランがあることはものすごく大事です。

ただ、まだ親の介護が始まっていない人は、いくら老後の準備の必要性を理解しても、「どうしても実感が湧かない」「まぁいつか来るだろうけど、今はまだいいかなぁ」程度に考えてしまう人も多いのではないでしょうか。

お気持ちは分かります。

僕もそうだったので……。

そういった意味でも、介護者としては比較的若い僕がYouTubeで発信する意義も感じるのですが、まだまだ若い世代にとって危機感が薄いのは事実だと思います。

いつか来る介護の意識はあるけども、目の前の仕事や家庭等の忙しさにいっぱいいっぱいで先のことを考える余裕がない……。

親のことっていろいろ準備するにも、

【お金のこと】とか、

【もしものときのこと】など、

今までより少し踏み込んだ話になるかと思います。

そういう少し話しづらい話を、子供の方から親に声かけるのって意外とハードル高いですよね（もちろん家庭によりますが……）。

だから結局、親の老後準備は後回しになって、そしたら急に親が体調崩したりなんかして、急に介護が始まったりして、そこでやっとお金のこととか、どこでどう生きてくつもりか聞くのだけど、人によって無茶苦茶なプラン設計を言っていて（例・僕の父）、自分がめちゃくちゃ困る……みたいなことが起きます。

そんなヤバい状況を防ぐ1つの方法なのですが、「もう親の方から子に伝えてみては？」と思ったりします。

まだ自分の元気な状態のときに、「私は自分の老後についてこう考えている」と伝えてみてはいかがでしょうか。

何歳になる頃にはこのくらい貯蓄予定で、年金も含めて金銭面はこう考えていると。

自分の体の状態が元気ならここ、動けなくなってきたらここに住みたい。人生いつ何があるか分からないからこそ、1つだけでなく、もしものプランまであるともっといいかもしれません。

時間が経つにつれて考え方や生き方も変わりますから、一度話し合っただけで「それが親の意思」と決めつけるのではなく、期間を空けて「今はどう思ってるか」と、何度か話し合っておくといいですね。

今この本を読んでくださっているあなたが、もし介護を受ける側なのであれば、あなたの方からお子さんに「自分の老後プラン」をお伝えしてみてはどうでしょうか。

僕も、もし事前に父から老後プランを聞けていれば、今頃全然違った未来になっていたと思います。

「老後」に対しての意識があるのは、年齢が高い方です（現実味があるため）。

あくまで1つの作戦としてですが、「老後の準備を親から子に提案してみる」という方法も頭の片隅に入れていただけたらと思います。

結論、どちらから話してもいいですし、要は老後の準備が進めば何でもいいのですけどね……（笑）。

何がキッカケでもいいので（僕のYouTubeを観て「ねぇねぇ、こんなボロボロになってる家庭があるんだよ」がきっかけでもＯＫ）、とにかく老後のプランは話し合っておきましょう。

何もプランがなくて急に困った、では対応できる幅が非常に狭くなってしまいます。

いきなりお金のディープな話に切り込む必要はなく、本当に簡単に話しやすいところからで構わないので、親に（子に）声をかけてみてください。親子が老後について話しやすい関係を築けることを願っています。

続いて、介護者としての心構えについてもお伝えしていきます。

始める前に「絶対に無理しない」と決める

人間の適応能力ってすごいです。

季節によって気温の変化があっても、体温はほぼ一定を保ちます。暑いときは汗をかいて熱を逃したり、寒いときは震えたり筋肉を緊張させることで熱を作ったり逃がさないようにして、絶妙な温度を保とうとします（これだけでも人間の神秘）。

しかしこれは体内の話だけでなく、人との関係や環境への適応を考えても似たようなことが言えると思います。

僕の話で言えば、10年以上前にサッカー選手として南米のアルゼンチンやコスタリカといった国に住んでいました。普段はわりと静かめの僕でも、選んだ場所がラテンの国であること、しかも特に厳しいサッカーの世界だということで、自らを主張できなければやっていけない環境でした。

最初はなかなか馴染めず、変な弄《いじ》り方をされたり、酷いときは差別されるような日々です。

現地の選手からしたら、自分のポジションを守ることは死活問題であり、裕福な日本からノコノコ来た奴にわざわざ明け渡す居場所などないのでしょう。僕は完全アウェイの中で厳しい生活を強いられました。

「このままでは遠く南米まで来た意味がない」と危機感を持った僕は、一生懸命言葉を覚え、いじめてくる人にも自分から積極的に声をかけ、

「あなたは何を考えているの？」

「どうしてそんなことするの？」

「僕はこう思っている」

と話し続け、3カ月も経たない頃にはラテンのノリにも合わせられるようになり、ロッカールームでチームメイトとワイワイ踊ったり、時にぶつかり合ったりと、気付けば自分の性格ごと変わっていたのでした。

僕は生きるためにその国のそのコミュニティに適応したのだと思います。


ビジネス書などで「人生を変えたかったらまず環境を変えろ」的な言葉をたまに見かけますが、あれは本当です。

今いる環境を変えれば、新しい環境に人間は慣れようとするから基準値やその人の当たり前が変わり、結果が変わるのは必然。これを海外で体験した僕は、言っている意味がよく分かります。

「今置かれている環境が結果を変える」

これのプラスの側面を、海外生活を例に話しましたが、僕は「環境が人を作る」ことにはマイナス面もあると思っています。

冒頭からお伝えしている通り、僕は父の介護においてたくさんの失敗をしてきました。

ただ、その中の最たるミスは「介護で頑張りすぎたこと」です。

問題だらけの父を1人で抱え込んだこと。

多くの介護職の方たちの助けを得たけども、結局、父の金銭トラブルを僕が救済することになってしまいます。

これまで父のために払ったお金は、金額にすると数百万円。そして、施設にいる今もなお、毎月20〜30万円のお金を僕1人で払っています。

普通に考えればこれがおかしな状況だということはすぐ分かると思います。

本来、老後の準備を全くしてこなかったのは父自身で、収入もほぼゼロ、貯金はもちろんゼロで、なんなら滞納はたくさんある。

売れば数千万円にもなる家があるのに「宝物だから」という理由で売らない。

そのせいで生活保護すら申請できない。

そんな父自身のせいで破綻している状態なのに、「食べる物を早く買ってこい」だの、「あの施設は嫌だから早く出たい」だの、文句を言い続けて、息子が1人で父の全てのお金を払っていることへの感謝はない。

むしろのぼるが出すのが当たり前だと思っている。

姉弟はそんな父から手を引き、父のお金を払うつもりがない。

……普通に考えたら、この状況でも僕が払い続けているのはおかしいですよね？

ただ、慣れてきちゃうんです。この状況にも。

本当に自分で振り返っても怖いのですが、そういった「おかしな状況」であったり、「ありえないストレス環境」でも、適応する力が人間にはあるのだと思います。

よく、「人権あるの？」と言われるようなブラック企業で働いている人に「え、なんで辞めないの？」と言ってもなかなか辞めないように、その環境に適応し、それが自分の世界の当たり前に一度なってしまうと、いくらおかしな状況でも危機感が薄れてしまうことがあります。
人は素晴らしい環境にも適応することもできれば、最悪の状況にだって適応することもできるということですね。

僕の場合で言うと、たまたま別件で弁護士さんと話していたとき、がっつり指摘されたことで目を覚ましました。

「のぼるさん、この状況、ありえないですよ！」
「家族と言えど、無責任な人の責任を全て1人で背負うなんて、どうかしてます！」

この状況はおかしい……とは思っていたけど、父の他のトラブルに対応するので忙しすぎて、物事を冷静に考えられなかったのでしょう。
本当に今考えても怖い話ですが、人の持つ「慣れる力」はいい方向にも、悪い方向にも繋がるので、親の介護をするにおいて十分な注意が必要だと思います。

そこで、最初に決めてしまうことをお勧めします。

「親の介護は絶対に無理しない！」と。

これは絶対に僕のようにならないために強く言いたいです。

親の介護は、手の届く範囲でのサポートに留めなければなりません。イメージでお伝えしますと、自分が手を伸ばして取れない物を取ろうとするとき、自分の中心位置をズラさないと物が取れませんよね。本来いるべき位置から、誰かを助けようとしすぎるあまり、大きくバランスを崩してしまいます。

それを避けるためにも、自分が無理しない範囲（中心からズレない範囲）でサポートすることがマストで、それ以上の手伝いは自分の身を滅ぼしかねないということです。

また「自分の手の届く範囲」も、人によって違うと思います。

お金や家庭状況、その人の性格によっても、人を助けるキャパシティもそれぞれでしょう。でも、絶対にその範囲の外側に出てまで助けようとしないことです。

その際、外からはいろんな声は聞こえてきます。

「そんなこと言わずに助けてくれよ～」

「今までお前のこと育ててきただろ～」

「家族なんだから何とかしてくれよ～」

……それは、悪魔の囁《ささや》きです。無視しましょう（笑）。

とは言っても、「無理してでも自分が助けなきゃ危険」という状況もあると思います。

まさに、僕が今そういう状況です。

今、払っている毎月の20～30万円をもし僕が「負担するのをやめる」と言えば、父は限りなく死の危険に直面すると、今家に帰るのはリスクが高すぎると、専門家の方にも言われています。

ここで、あなただったらどうしますか？

父のために毎月20～30万円を払い続けますか？

それとも支払いをすぐにやめて家に帰しますか？


僕は今も悩んでいます。

無理して介護し続けた結果、どちらを選んでも後悔するような究極の2択を迫られるところまで来てしまったのです。

今、この問題に関してはいろんな方と相談しながら、自分たちなりの最適解を出せるように動いています。

みなさんはこんな状況になる前に、介護が始まる最初の段階から「絶対に無理をしないこと」を胸に刻み、僕たちの失敗を反面教師にして、穏やかな家族生活が送れることを心よりお祈りしています。

介護の知識を入れ、自分事として考える

ここまで自分なりの介護方法を語らせていただいていますが、最初はケアマネさんとヘルパーさんの違いさえ分からなかったズブの介護素人であった僕です。親の介護が急に始まり、右も左も分からなかったからこそ試行錯誤してきました。お金が何にいくらかかるのかなんて想像もつかなかったですし、ましてや親との向き合い方なんて、それまで考えたこともなかったです。

今、抱えている悩みはどこの誰に相談すれば解決できるのか？　話を聞いてもら

えるのか？

何も知らないのと、少しでも予備知識があるのとでは、いざその状況になったときの大変さやストレスレベルは雲泥の差となります。

自分の人生にあまり後悔をするタイプではないのですが、もし介護が始まる3年前に戻れるのなら、まず僕は介護についての本を数冊読みますね（本が好きで月に10冊近く読みます）。それくらい事前情報が大事だと痛感しました。

僕の妻の母（以後、お母さん）から聞いた話です。自身が62歳のときに本格的に親の介護が始まりました。

母親が88歳で認知症、父親が91歳でレビー小体病（物忘れや幻視のほか、立ちくらみや頻尿などの自律神経症状などがある）。

母親の認知症は以前から兆候はあったものの、ゆるやかに症状はひどくなっていったそうです。昔のことは覚えているけど、直近のことはすぐ忘れてしまうので、家にある食べ物を隠したりしないと、食べたこと自体を忘れて、そこにある物を全部食べてしまいます。

排泄《はいせつ》の介助も途中から始まるようになり、小さい頃から育ててくれた親の弱っていく様子を側で見るのは辛かったそうです。ただその中でも特に大変だったと聞くのは徘徊《はいかい》です。

ある日、夜中に警察の方から連絡があり、急いで迎えに行くと右目に大きなアザを作った母親がいたそうです。

「そのアザどうしたの？」と聞いても、「分からない」と答える母親に、複雑な思いを抱いたりしたのだとか。

一方、父親の方はレビー小体病と診断され、歩くことが困難になり、時折家の中でも「そこにいる子は誰だ」と言うようになります。

「そこには誰もいないよ？」と言うと、「いるじゃないか、そこに小学生くらいの子が」と、幻視症状も現れてきました。

母親も父親も、もともとはすごく大らかで優しい方で（僕も数回お会いしている）、会ったときはずっと笑顔で明るいお2人でしたが、話を聞くと、最後の1～2年は側で面倒を見てくれるお母さんにも強い言葉で非難することもあったそうです。

お母さんとすれば、60代を超えたタイミングで両親の介護が始まり、自分も忙しい中で毎夕に食事を作って持っていったり、身の回りのお世話をすることになったわけです。

時に悪態をつかれたり、時に警察との対応に追われるなど、大変なことも非常に多かったと思いますが、数年後、2人が母、父の順に旅立ち、最後の最後まで側でご両親を支えきりました。

そんなお母さんとこの前、2人でランチしてきました。ご両親が旅立たれて時間もある程度経ったので、今後の参考までに介護の話を聞きたいと思い、僕からお誘いしました。

「ご両親の介護、どれくらい大変でした？」

「うーん、まぁ人並みよ（余裕そう……）」

「え、でも僕から見たら全然人並みな感じじゃないですよ」

「そう？　でも大変なのは知っていたのよ。そういうものだと思っていたから」

「親からの暴言にイライラしたりしなかったですか？（僕はめっちゃする）」

「それは全然しなかった！　両親の言動にイライラしたことは一度もないかも……」

「えー!?（僕は1000回くらいイライラしたことあるので信じられない……）」

理由を深掘りして聞いていくと、お母さん曰く、自身が行っていたヘルパーの経験が大きいのではないかとのことでした。

お母さんは60歳で仕事を辞めてから、「いつか親の介護で役に立つかもしれない」と考え、ヘルパーの資格を取りに行きます。資格取得後、数年にわたりヘルパーとして多くのご家庭を助けてきました。

その経験があったからこそ、そもそも「介護の大変さ」を知っていたし、「介護のコツ」や「制度や仕組み」をよく知っていました。

ご両親の状態がこうなったらこうしようと先の流れまで摑めていたし、「傾聴すること」も数年のヘルパー生活で身につけており（普段はずっと喋っているお母さんですが）、ある意味割り切って介護ができたそうです。


こう言うと、「じゃあ、ヘルパーの資格取れって言うの⁉」という声も聞こえてきそうですが、もちろんそういう話ではありません。

ヘルパーのお仕事をしていても、自分の親の介護とはまた別物で、全然大変という方もいらっしゃいます。


大事なことは、その知識や経験を「自分事」や「家族事」として考えられているかどうかではないでしょうか。

家族関係は家庭状況によって様々だとお伝えしましたが、得た知識を「へ～そういうのがあるのか」で留める人と、「なるほど、じゃあ自分の家の場合こうした方がいいかな」と応用できる人、やはり実戦で強いのは後者です。

ぜひ、ある程度の知識を得たうえで、ご自身の家族に当てはまる方法を模索していただきたいのですが、人によって学びやすい形態は違います。

例えば僕は、文字で見た方がすっと頭に入るので本が好きなのですが、妻は音声の方が入るということでYouTubeなどで勉強したりします。

ご自身の得意な学び方やプラットフォームを選んで、少しでも介護の知識を入れておくといいでしょう。

また、そもそも「勉強」という形が嫌だなという方は、手前味噌で恐縮ですが、僕のYouTube『兄のぼる【父の介護クエスト】』というチャンネルもお勧めしています。

内容はリアルな介護をそのまま発信しているだけですが、体系的と言うよりもドキュメンタリー番組を観たついでに知識や危機感を持てる動画になっているので、ある意味楽しみながら（僕は楽しくない）学ぶことだってできるコンテンツになっています。

……便利な世の中になりましたね。

嬉しかったのは、このチャンネルを観た視聴者の女子中学生から「将来に危機感を抱き、看護の学校を目指すことにしました！」というメッセージをいただいたことですかね（笑）。

どんな手段でも、どんな方法でも、ご自身のやりやすいやり方で構いません。

まずは少しでもいいから介護について知り、知った知識を自分の家族に当てはめて考える。

これをするだけでも、当時全くのゼロ知識の僕とは、ものすごい差を開くことができます。その一端を担うためにも、この本にはぜひ売れてほしいですね（笑）。

介護経験者、介護卒業者だけでなく、介護未経験者の方々へも、ぜひ介護を考えるきっかけとして届いてくれると嬉しく思います。

「人生で一番大切なもの」は何ですか？

介護は大変です。

直近の1年間だけを振り返っても様々なトラブルがありました。

父と大喧嘩（日常茶飯事）、姉弟と口論。

その他にも、自分で救急車呼んでおいて「やっぱり帰ってください」と言ったり、警察には「息子が俺の金を横領してる」なんて言ったり、倒れて救急搬送されたり、部屋が気に入らないと騒いで入院拒否されたり……。

さすがにたった1年でいろいろありすぎだろと思いますが、本当に父に振り回された日々ではありました。

そんなハードすぎる1年ではあったのですが、実は僕の38年の人生の中で、最も幸せな1年でもあったのです。

「こんなに介護で四苦八苦なのに、最高の1年を過ごせただと⁉」と思う方も多いかと思いますが、それは僕が日頃から意識している考え方にあります。

【人生で一番大切なことは、
自分が人生で一番大切だと思うことを、
人生で一番大切にすること】

どこで聞いたかは忘れてしまいましたが、僕はこの言葉が大好きで、いつも忘れないように意識しています（引用元は『完訳 7つの習慣 人格主義の回復』〔スティーブン・R・コヴィー、キングベアー出版〕、改行は筆者）。

現代人の多くは日々、いろんなタスクをこなしすぎて多忙を極めていますが、そんな毎日を過ごしていると「自分が本当に大切にしたいこと」を無意識的に雑に扱ってしまいます。

この言葉は「優先順位をきちんと明確にしておくことで、自分にとって大切なことをしっかりやろう」という意味だと思いますが、正直「優先順位をしっかり決める」程度では、この忙しすぎる現代をうまく生きられないとも思っています。

あなたが優先したいことは何でしょうか？

家族、仕事、趣味、健康、お金。
もちろん、人によって違うでしょう。
でも正直、どれも同じくらい重要ではないですか？

家族だって、仕事だって、趣味だって、健康だって、お金だって、充実した人生にはどれも大切ですし、大切な事柄が緊急性を伴って同時にやってくることだってあると思います。

仮に家族をいつも一番大切にしていて、「優先順位の一番は間違いなく家族だ！」と言っている人がいたとして、ある日子供の運動会があったとしましょう。もともと子供の運動会を観に行く予定でいたのですが、ちょうどその日に仕事で千載一遇のチャンスがやってきて、その日を逃すと次いつチャンスが来るか分からない。そんな状況が訪れたとします。

そんなとき、優先順位が上だからという理由で、やはり子供の運動会に行くべきですか？　それとも仕事に行くべきですか？

これはどちらが正解で、どちらが不正解でもないと思います。

子供の運動会に行って、そのときのお子さんの一生懸命を応援する価値は計りしれないですし、一方、仕事を優先したとしても、その日がキッカケで中長期的に稼げるお金が増えて、増えたお金でお子さんと旅行に行けたり、今後の学費などに回せるかもしれない。それはまた仕事を優先したようで、捉え方によっては家族を優先したとも言えるわけで。

そうやって、実際「人生で大切なこと」は1つではなくて、時と場合によって優先順位が変わるというのがリアルなところではないでしょうか。

もし、こういった曖昧な優先順位付けをしていれば、もしかしたら僕はこの直近の1年間を【最悪の1年】として過ごしていたかもしれません。

特に僕の父の場合、緊急対応案件がほとんどで、その全てを最優先にしていれば、「介護で大変だった」としか記憶に残らない1年になっていてもおかしくなかったと思います。

では、実際はどんな考え方をしていたかと言うと、

「一番大切にしたい優先順位だけを細分化して決めておく」

というものです。

先ほどの優先順位の考え方で言うと、僕の一番大切なことは「家族（妻と子2人）」です。

でもこれだけだと弱い。

漠然と家族が大切と言っても、家族にもいろいろあるでしょう。

じゃあもっと具体的に、家族の何を大切にしたいか決めておくといいと思います。

僕の場合、一番大切なことは「家族4人での〝時間〟」です。

これを最も大切なこととして最優先事項に決めています。

4人でいると本当に心地よく過ごすことができて、1日が終わって夜眠りにつく際も「今日も本当に幸せだったぁ」と感じながら寝ることができます。

娘は7歳で、息子は2歳。

そのうち子供たちも自立していって、4人でいられる時間も次第に少なくなっていくでしょう。だからこそ、今このときにしか味わえない奇跡の瞬間を、全力で楽しみたいと思っています。

優先順位の高い事柄はこの時期、本当にたくさんあるのですが、この【家族4人での時間】は僕にとってその中でも1つだけ、圧倒的に飛び抜けて最優先事項です。

このくらい自分の気持ちを深掘りして、細かく最優先事項を決められていると迷いがなくなります。

僕はそれに合わせて仕事を変えましたし（フリーランスに転向）、この1年でいくら父の介護で大変なことがあっても、家族4人の時間を過去一番確保してきたことで、心の幸福度はいつだって高いままでした。

もちろん父の起こすトラブルに落ち込んだことだって何度もあった1年でしたが、その何百倍もの時間を、妻と子供たちから愛情や感動を受けた1年でもありました。

本当に素晴らしい1年間だったと思います。

もしこれから介護が始まる方、または介護中の方や、既に介護を終えられた方でも、今が大変すぎて心が辛くなっている方は、「一番大切なことは、一番大切なことを、一番大切にする」という考え方、そして、「自分の一番大切なことは何なのかをよく深掘りして、特に大切なことを細分化して決めておく」ことを意識していただけると、今この瞬間の大変さの量は変わらずとも、長い目で見たときに心穏やかに過ごすことができると思います。

本当に大切なことは、自分自身でしか分かりませんので、ぜひこれを機に、「本当に自分にとって大切なものや事柄は何なのか？」を考えていただければ嬉しいです。

その際の注意点として、ご自身の大切なことを他の誰かに発表するわけではないので（僕は今言っちゃったけど）、自身の本音を大事にすること。大切なことは人によって違いますし、それが他人に言えないようなことであっても、それが本音なら最優先事項でいいわけです。

自分に正直に、本音で、一度自分自身と向き合ってみていただけたらと思います。

親の介護から得られるものはあるのか

先ほども軽く触れましたが、保育と介護は似ているなんて言われたりもします。対象となる年齢こそ子供と高齢者で違いますが、どちらも「人と深く関わる」ことであったり、「コミュニケーション力が必要」といった根っこの部分は近いからだと思います。

僕の妻（現役保育士）に直接聞いてみたところ、こう答えました。

「たしかに保育と介護って似ている部分多くて、私が保育士の資格を取った学校では、介護の資格も取れたよ。保育をしていると大変なこともあるんだけど、子供たちの無邪気な笑顔を見ると疲れが吹き飛ぶし、どんどん成長する子供たちに日々感動することが多いかな。おじいちゃん、おばあちゃんの可愛さもあるんだけど、やっぱり種類が違うかな」

保育も介護も、人が生きていく中で必要なことだと思いますが、それを支える側からすると保育の方が、得られる感情という部分では分かりやすいのかもしれません。

たしかに子供の笑顔って、何にも代え難いほどに癒されます。

……父の笑顔に癒されないと言っているわけではありませんよ（笑）。

ただやはり親の介護となると、そこで得られるものが分かりづらいようにも思います。

もちろん「対価を求めるな！」と言われればそうなのですが、大変で終わりの見えない介護なのですから、「大変だったけど介護を経験してよかったなぁ」なんてちょっぴりでも思えたら、やはり全然違うじゃないですか。それくらいバチ当たりませんよ！

ということで、ここでは「僕自身が真剣に介護に取り組んだからこそ得られたこと」をお伝えしたいと思います。

正直に言いましょう。

……さほどありません（笑）。

「いや、ないんかい！」と思われるかもしれませんが、全くないわけではありません。

僕の場合ですが、親と接する距離が近くなったことで、それまで聞いたことがなかった父の考え方（面白い考え方からクズの思考まで）をよく知ることができましたし、もとから超クセ者の父に分かってもらうために（お金の使い方やお世話になっている人にちゃんとお礼を言えるように、などなど）、いろんなコミュニケーション方法を学んで実践する機会がありました。そういった面で人との接し方はよく勉強できたと思います。忍耐力も介護前と介護始まってからでは全然違うと思いますし、大変な状況を何とかするために必死だったからこそ、人として成長してきた側面はあると思います。

でも、ですね……。

日々の介護の大変さから考えれば、得られたものは少ないようにも思うのが、リアルな感想です。

それくらいこの3年間の日々のドタバタは、僕にとって過酷なものでした。

ただ、今お伝えしたのは「父との介護そのものから得られた」と思う部分です。

僕が本当に介護をしてきてよかったなと感じる点は、父との介護の〝外側〟にありました。

僕が「親の介護」をしていて一番恩恵を感じたのは、介護を通じて【出会えた人たち】です。これは本当の宝物でした。

この3年の間にご縁があった恩人は、それこそ挙げればキリがないのですが、特に東京のケアマネさん、横須賀のケアマネさん、今いる施設の方、この3人は僕たちの絶体絶命のピンチを何度も救ってくださいました。

父の言葉を借りれば「それがその人たちの仕事なんだから助けて当然だろ?」となるのかもしれませんが、仕事の域を超えた深い心配りで対応してくださり、解決策が見えづらい暗闇の中でも、手を取って一緒に歩んでくれました。

僕らの問題が、これまで担当された方々の中でも異質だったようで、ともに悩み、ともに苦しみ、でも笑顔だけは忘れずに、一緒に父の介護を進めてきた、いわば戦友のような方たちです。

あとはこんな方もいました。

先述しましたが、父が転院先で暴論をかざして暴れすぎたために、入院拒否をされたときです。病院の玄関で父と怒鳴り合いになってしまい、仲介に入ってくれた事務の方（この方も恩人）に「のぼるさん、お父さんはこちらで一度説得してみますので、一旦車で休まれてください」と言われ、僕は車で息を整えていました。

「この先どうなっちゃうんだろう……」

行くあてもない、お金もないのに、父はこの期に及んでわがままを貫き通そうとしている。

僕は車内で目を瞑《つぶ》って頭を抱えていました。

すると、「コンコン」と窓ガラスを叩く音。

外を見ると、おそらくこの病院のボランティアの方で、白髪のおばあさんが立っていました。

窓を開けると、温かい声でおばあさんが言いました。

「事情は聞きましたよ。

本当にあなた、よく頑張ってるわ」

言葉にするとすごく短いです。でも、その温かい言い方や心から心配してくださる表情に、僕は気付いたら涙が溢れていました。

初対面の方の、しかもたったひと言で、こんなに優しい気持ちで涙が出たのは人生で初めてでした。

ちなみにそのおばあさんは、大混乱の末に父の行く先が決まった際にも父にこう告げてくれました。

「お父さん、あなたの気持ちだって分かるわ。でもね、こんな心の透き通った優しい息子さん、どこを探しても見たことないですよ。きっとあなたが立派に育てたのよね。だからこそ、大事にしてね。息子さんの言うことだけは聞くのよ」

こういった方たちが、ご紹介しきれないほどに僕たちのサポートをしてくださいました。

僕がこの方々に共通して感じたのは「本気で生きる」という想いです。

単に「仕事」という枠を超え、本気で自分の人生や周りの人の人生に愛を持って接する。

そんな心と心で接してくれる人と多く出会えたこと。

それこそが僕にとって、介護を経験してよかったことの一番です。

父の介護に困って、介護に本気で取り組まざるをえなくなった僕でしたが、本気で生きていると本気の人に出会えます。

本気の人に触れると、人生観すら変えられる衝撃があるのです。

僕はそのような方たちと関わっていく中で、「自分も人のピンチを救えるような人間でありたい」と思えるようになったし、もちろん自分の助けられる範囲内でしか助けてはいけないと述べましたが、それなら自分の助けられる範囲を増やす努力をして、助けられる人を増やしたい。

こう考えるまでに至りました。

僕がどんなに辛いことがあってもYouTube配信をやめない理由の1つでもあります。


介護そのものから、得られるものは人によって違いますし、僕にとってはほとんどありませんでした。しかし、介護を通じて出会えた人々は、僕にとって一生ものの財産です。

介護をしていなければ絶対に出会えなかった人たちから成長させていただき、その成長した自分もまた誰かにとっての救いの人となる。

そんな助け合いの好循環が広がればいいですよね。

いつかは自分が介護を受けることになる

ここまで僕自身の立場でもある「親の介護をする側」からの経験をお話ししてきました。

ただ何度もお伝えしている通り、介護も人生も、人との関わり合いは避けられませんので、相手の立場に立って考えることも、思考の幅を広げるという意味で非常に大切だと思います。

僕は今すぐ介護を受けるような年齢ではありませんが、いつかは自分の娘や息子に支えてもらう日が来ると思います。

数十年後の日本がどうなっているかは想像できません。介護制度や世の中の仕組みが、今と比べてどのくらい変化しているのか分からないので、自分が高齢者になったときの具体的な戦略や必要な老後資金などを決めることは非常に難しいです。

しかし、僕たち夫婦が38歳の今のこの時点で、自分たちの老後のために取り組んでいることが1つだけあります。

それは、「親子間で話しやすい環境を作ること」です。

僕と父の場合で言うと、昔から仲は悪くなかったし、どちらかと言うと距離感は近い方ではあったと思いますが、よく話していたかと言えばそうではありません。

父の介護が始まるときまで、父がどれだけ切羽詰まっていたのかを知ろうともしなかったし、父が突っ込まれて聞かれるのが嫌そうな話題は極力避けていたとも言えます。

もちろん親子だからと言って、何でも話せるようにするべきという話ではないのですが、やはり事が大きくなる前に、ある程度お互いに腹を割って喋れるような〝土壌作り〟を事前にしておかなければ、僕たちのように困ってから慌てて対策を考える事態に陥りかねません。

これまで書いてきたことに通ずるところかもしれませんが、我が家（妻と子供2人）では「親子で話し合う時間」を大切にしています。

単純にその時間が楽しいから取っているという側面もあるのですが、その場では7歳の娘が今何に興味があって、何を悩んでいて、これからどうしていきたいか等々、いろいろと話します。

そのときに大事にしているのは、近況報告するのは決して子供だけでなく、親も話すということです。最近嬉しかったこと、大変だったこと、悩んだこと、それに対してこんな対策を取って、こんな結果だったなど。

どんな話でもいいのですが、大切にしている部分は「大人だからって完璧なわけではなく、親だって間違えることや失敗もたくさんあること」を正直に話すことです。

自分たちがまず心を開いて話すことで、子供も心を開いて話をしてくれるようになります。

7歳（小学1年生）だからと言って絶対に舐《な》めてはいけません。話をじっくり深掘りして聞くと、こちらが勉強させられることも多く、彼女は彼女なりにいろいろと考えて生きていることが分かります。

話し合う時間を明確に決めて定期的に取る必要もないかと思いますが、意識して「親子で話し合う時間」を確保することで、話しやすい土壌は作ることができると思います。

「親は大人として子供の見本であるべきで、弱さを見せる必要は全くない」

そう仰る方もいるかと思いますし（実際に言われたことがあります）、その考え方を否定するものではありません。家庭によって教育方針も違うでしょう。

ただ語弊を恐れず言えば、弱さは隠さず見せた方が楽なのは確かです。

〝どんな事柄に対しても正解を出せる人〟なんて実際はいないのに、親だからと言って子供の前で立派な大人を演じるのは、僕には難しいです（自分がちゃんとしていると思ったことがない……）。

子供は自分たちが思っている以上に親のことを見ていますし、いつかメッキが剝がれるくらいなら、最初からいい部分もダメな部分も含めてありのままの自分でいた方が自然です。

子供から見ても、そういう親の方が悩んだときに相談しやすいと思います。

介護でもそれ以外でも、いつか人生の中で本当に親子が協力しないと乗り切れない難局を迎えたときに、そこに「話しやすい環境」があるのかないのかで全然違います。

僕は絶対に自分のような苦労を娘、息子にはさせたくありませんので（大変すぎました）、いざ自分が介護を受ける側になったときのための土壌作りは、今から意識しています。

子供たちの負担を極力減らすことは個人的に準備しつつも、人生どこで何が起きるか分からないからこそ、「自分がどう生きてどう死にたいか」、信頼できる人にきちんと自分の想いを伝えておく。

これが僕なりの「介護を受ける側の準備」です。

お金の準備と心の準備。
1日1日の小さな積み重ねでも、数年、数十年先には大きな結果となります。
ちょっとずつでもお金の準備、そしてたまにでも自身の「生き方」を考える時間を取る。
小さなことを日々積み重ねることが大事だと思います。

みんなで目指すのは「頑張らない介護」

ここまでの僕の気持ちをまとめるなら「親の介護は絶対に頑張るな」というひと言に尽きます。

1人で父親の介護を背負ってきたお前が言うなと言われそうですが……(笑)。

誰よりも頑張った結果、誰よりも苦労してしまった僕だからこそ伝えられる言葉だとも思っています。

「頑張ってはダメ」です。

僕はたまたま支えてくれる人が近くにいただけで、人によってはメンタルが崩壊したり、自身の家計や家族関係が壊れてしまう人もいるでしょう。ひどくなれば、高齢者虐待、もっと最悪の場合、家族内で殺《あや》めてしまうニュースだって昨今よく見ます。

悲惨なニュースを見るたびに心痛みますが、リアルの現場ではそれくらい思い悩む人も増えているのだと思います。

また今後、高齢者の数は増え続けていく中で、公的な介護施設が足りない現状から、在宅介護をする人が増えているそうです。

働き盛りの若者が、何も介護の知識を持たずに急に親の介護が始まって仕事に介護に悪戦苦闘するというのは、日本にとってもマイナスでしょう。仕事を介護離職する人だって増加しています。

介護にまつわる問題はこれからも増えていく中で、僕のように「1人で抱え込みすぎて頑張りすぎてしまう人」も増えてしまうのではないでしょうか。その辛さが分かるので心苦しいところですが、やはり「頑張らない」ことをどうにか届けたいと思います。

だからこそ本書では、介護を頑張らずにすむための考え方や心構え、具体的な方法をお伝えしてきました。

僕の方法を試していただいて、もちろんいい方向に舵《かじ》が切れればいいのですが、この本をきっかけに、もっと多くの方に【介護に対する意識】が芽生えれば、これ以上に嬉しいことはありません。

「のぼるが、こんなことを言っていて勉強になった」
「あの部分は全然間違っていて、私はこう思う」
「絶対にのぼるさんの家のようになりたくないから、私たちはああしよう、こうしよう」

みなさんのご反応が賛否両論を大きく通り越して、もし仮に誹謗中傷の域にまで踏み込んだとしても（まぁ僕は悲しいけど（笑））、それでまた1つ、介護への関心が（特に若い世代に）広がればと思います。

自分自身がいかに頑張らない介護をすることができるか、自分の子供たちに親の介護をいかに頑張らせないか。

超高齢化社会の中で大切な考え方だと思います。

周りの方と支え合い、大切な親の最期を、どうせなら愛情たっぷりに送り出せるように、『頑張らない介護』と銘打って、自身の経験談をお伝えさせていただきました。

ここまで読んでいただき、本当にありがとうございました。

……最後に、これからの父の話をちょっとだけさせてください。

父は今、僕の家から車で20分ほどのところにいます。老人ホームにショートステイという形で入所しており、空きが出れば養護老人ホームや特養（特別養護老人ホーム）といった施設に転所させていただくプランで考えています。

これまでの壮大なるゴタゴタから考えれば、ある程度の道筋が立ったことで僕の負担は相当減りました。とは言え、まだ安心できる状態でもありません。

今いる施設でも父の傲慢な態度や自分本位の生き方は変わらず、トラブルを起こし続けているため、いつ施設から退所させられるか分かりません。

父は全くお金を持っていないのに、資産である実家は売りたくないと言って僕たちの家計を圧迫し続けています。その事実を前にしても、父自身は1ミリたりとも罪悪感を感じていないことに、僕はまた腹が立って仕方ありません（笑）。

ということで、さんざん偉そうに語ってきた僕自身も、父の問題は今なお継続して悪戦苦闘中です。

いつか介護を終えたとき、また違った感覚で、この父との日々を捉えられるかもしれませんが、介護をしている今この現在では「現実はやはり厳しい」という感覚の方が強く、少しでもバランスを崩せば一気にダメになるかもしれない恐怖とともにに、親の介護を進めている部分もあります。

この先、父がどうなっていくかなんて分かりません。

これまで専門家たちのアドバイスでさえ、そのアドバイスのさらに上から、奇想天外のハプニングでプランをぶち壊してきた男です。

誰にも父の行く末は見えていません。

進んでしまった針を戻すことはできませんが、しかし今からでも「介護を頑張らない状態にすること」だって、難易度は上がっていてもできるはずです。

父本人を変えることは難しいですが、まず自分自身が変わり、他者との協力のもと、いろいろあったけど最後は笑顔で送り出せるように、僕自身、毎日を生きていきたいと思います。


みなさんも、辛くなったら僕のYouTubeを観に来てください。そこで一旦、肩の力が抜けたらまた一緒に歩みましょう。

苦しくもちょっぴり楽しい介護の世界へ。

おわりに

この本の執筆をしていて、第5章も終盤に差し掛かっていたときでした。
冒頭でも紹介した身体障害でずっと施設にいた僕の姉が、病院で息を引き取りました。43歳でした。

姉が亡くなる1週間ほど前に施設から連絡を受け、危篤の旨を聞きました。
その日のうちに僕と父は姉のもとへ駆けつけましたが、久しぶりに会った姉の顔はパンパンに腫れ、全身に管が何本も通され、呼吸するのも苦しそうで、もはや誰が見ても限界という状況でした。

「今日、明日にはもう……」

お医者さんのひと言に、言葉にできないほどの深い悲しみを感じましたが、その一方で最後の最後まで……、その最期の一瞬まで、一生懸命に生きようとする姉の姿に、どこか感動すら覚えました。

生まれながらにして脳性麻痺のため、ずっと寝たきりで、喋ることもできなくて、状態から見ると20歳までは生きられないと聞いていました。その20歳という年齢を大きく超えて倍以上生き抜きました。

43年間という命の中で、死の淵《ふち》に立ったことも一度や二度ではありません。呼吸が止まったことだってありました。

それでもそのたび、お医者さんも驚くような驚異的な回復力で復活してきたのです。

信じられないような奇跡を何度も何度も起こしてきた姉です。父は「今回も絶対に復活するから絶対に諦めるな！」と言っていましたが、もう姉の体は全身ボロボロで、僕は「もう休ませてあげたい」と思っていました。

今日明日が山とお医者さんに言われていた姉でしたが、やはり峠を越して一時的に回復します。しかし1週間後、容態が急変したのち、天国へと旅立ちました。

本書のタイトル『頑張らない介護』とは逆説的に聞こえるかもしれませんが、「頑張る」って本当に美しいです。

人の頑張る姿は、勇気をもらったり、感動したり、人生を鮮やかに彩る行為かと思います。

僕は最期の姉の姿に、深い悲しみとともに、生きる力をいただきました。

中途半端に生きるのはもうやめよう。

僕も最期の一瞬までもっと精一杯頑張って生きよう。そう強く思いました。


人生はいつ終わるか分かりません。

本当に明日、急に終わってもおかしくないのです。

であれば、本当に自分が大切にしたいことに全力で生きたいと僕は思います。

それでもどうしても通らなければいけない場所（僕にとっての介護）があるのならば、そこはいかに頑張らないように、自身のパワーやエネルギーを使いすぎないように生きるのかがすごく大事だと思います。

やりたいこと全てを叶えられるほど、人生は長くはありません。

本当に大切なことを大切にするために、一番全力を出したい場所で全力を出せるように、本当に頑張るときを見誤らないように、

「どう生きるのか」

僕自身も自問自答し続けていきたいと思います。


ここまで読んでいただき、ありがとうございました。

みなさんの人生が、僕の介護経験を通じて、少しでも豊かになることをお祈りしています。

最後に、今回このようなお話をいただきましたKADOKAWAの金子拓也さん、そして、サポートしていただきましたBitStarの下﨑綾香さん、伊藤陸哉さん、
本当にありがとうございました。

めぐちゃん、しょうたくん、ゆいちゃん、たすくん、のりちゃん、りゅうさん、

いつも近くで支えてくれてありがとね。

なみちゃん、あなたがいなかったら僕はとっくにどこかで野垂れ死んでいました（笑）。本当にいつもありがとう。

なの＆あやもありがとね。最高の子供たち。

そしてお父さん、あんたには言うことはないわ（笑）。

……というのは冗談で、まだまだよろしくね。

喧嘩もたくさんあるだろうけど、俺はあなたを見捨てるつもりないよ。

……ただまじで、早く家売れよ（笑）。

良ちゃん、天国で先に母ちゃんと楽しく待っていてね。本当にありがとう。

2024年1月

のぼる

のぼる

1986年、東京都生まれ。元プロサッカー選手。母は15年前に他界、父が脳梗塞になったのを機に介護を始め、そのありのままの日常をYouTubeで発信。2022年には日本テレビ『スッキリ』に取り上げられ話題となり、2024年1月現在、総再生回数は7,500万回を超す。また、介護の傍ら、1男1女の子育て奮闘中でもある。

頑張《がんば》らない介護《かいご》
絶望《ぜつぼう》の生活《せいかつ》から学《まな》んだ親《おや》との向《む》き合《あ》い方《かた》

2024年2月28日　初版発行

著者／のぼる
発行者／山下 直久
発行／株式会社KADOKAWA
〒102-8177　東京都千代田区富士見2-13-3
電話 0570-002-301（ナビダイヤル）

印刷所／大日本印刷株式会社
製本所／大日本印刷株式会社

ISBN 978-4-04-606788-3　C0036